专用于体育行业国家职业资格认证

体育经纪人等级培训与能力测评培训教材

体育经纪人
（三级）（第2版）

国家体育总局人力资源开发中心　组编

高等教育出版社·北京

内容提要

本书是根据国家职业资格证书制度相关要求以及《体育经纪人国家职业标准》对体育经纪人（三级）的能力要求编写而成的。全书共有五章，包括体育经纪业务调研、体育经纪业务权利获取、体育经纪业务谋划、体育经纪业务实施、体育经纪业务总结。

本书配合体育经纪人国家职业资格鉴定使用，同时适合高等院校体育经济管理、体育市场营销、社会体育指导与管理等专业（方向）的本科生及研究生学习，也可用于有关体育管理机构和体育经纪组织的培训与参考。

图书在版编目（CIP）数据

体育经纪人. 三级 / 国家体育总局人力资源开发中心组编. -- 2版. -- 北京：高等教育出版社，2021.11
体育经纪人等级培训与能力测评培训教材
ISBN 978-7-04-056429-7

Ⅰ. ①体… Ⅱ. ①国… Ⅲ. ①体育-经纪人-技术培训-教材 Ⅳ. ①G80-052

中国版本图书馆CIP数据核字(2021)第138635号

Tiyu Jingjiren（Sanji）

| 策划编辑 | 陈 海 | 责任编辑 | 陈 海 | 封面设计 | 张 志 | 版式设计 | 杨 树 |
| 插图绘制 | 于 博 | 责任校对 | 窦丽娜 | 责任印制 | 赵 振 | | |

出版发行	高等教育出版社	网 址	http://www.hep.edu.cn
社 址	北京市西城区德外大街4号		http://www.hep.com.cn
邮政编码	100120	网上订购	http://www.hepmall.com.cn
印 刷	高教社（天津）印务有限公司		http://www.hepmall.com
开 本	787mm×1092mm 1/16		http://www.hepmall.cn
印 张	11	版 次	2010年3月第1版
字 数	230千字		2021年11月第2版
购书热线	010-58581118	印 次	2021年11月第1次印刷
咨询电话	400-810-0598	定 价	36.00元

本书如有缺页、倒页、脱页等质量问题，请到所购图书销售部门联系调换
版权所有 侵权必究
物 料 号 56429-00

审委会名单

主　　　任　倪会忠
副　主　任　张　剑　李业武　张　弛
委　　　员（以姓氏笔画为序）
　　　　　　于善旭　马　铁　田志宏　杜　巍　周玉梅
　　　　　　赵国强　秦椿林　顾灏宁　谢朝华

编委会名单

主　　　任　翁家忍　刘葆苓
成　　　员　丁　涛　李　岩　魏　来　罗　军　任继伟

编 写 人 员

执 行 主 编　肖林鹏
执 行 副 主 编　谭建湘　刘　勇　靳厚忠　王笑梅　邵淑月
编 写 成 员（以姓氏笔画为序）
　　　　　　王　钊　石　岩　叶加宝　朱明华　刘　奕
　　　　　　刘清早　李豪杰　陆遵义　杨晓晨　时　杰
　　　　　　闵　捷　肖淑红　高松婴　夏雯震

出版说明

推行国家职业资格证书制度是我国改革开放以来推动人力资源开发事业的一项重要举措，职业资格证书是反映就业者专业知识和技能水平的证明，是从业者通过职业技能鉴定进入就业岗位的凭证，是国家证书制度的主体。

国家体育总局按照国家大力推行国家职业资格证书制度、实行学历文凭和职业资格两种证书并重的要求，于2004年正式成立国家体育总局职业技能鉴定指导中心，专门负责体育行业国家职业资格证书的日常管理和业务指导工作，并经人力资源和社会保障部批准在全国三十多个省、自治区、直辖市建立了职业技能鉴定站，具体承担相关职业资格考核和鉴定工作。

随着市场经济的快速发展，体育经纪人的作用日益突出，国家体育总局人力资源开发中心（职业技能鉴定指导中心）积极组织相关专家和学者进行体育经纪人新职业论证与申报工作。2006年4月，体育经纪人作为第六批新职业由原劳动和社会保障部向社会公布。为满足体育产业发展对高质量体育经纪人才的需求，国家体育总局人力资源开发中心以市场内生需求为导向、以岗位技能为核心，遵循市场机制运行的人才培养与测评方式，开展了体育经纪人等级培训与能力测评工作。

等级培训与能力测评培训教材的编写以职业标准为依据，以职业活动为导向，以职业技能为核心，不过分追求知识的系统性和完整性，保证培训内容符合职业实质，满足职业需要，以提高从业人员的职业素养和综合能力。教材的编写充分体现了《体育强国建设纲要》《国务院办公厅关于促进全民健身和体育消费推动体育产业高质量发展的意见》提出的新要求，以保证教材的稳定性、维护教材的权威性、增强教材的针对性。

在新的形势下，政府、市场、社会以及体育产业业态相关利益方对体育经纪人的需求不断增加，体育经纪人职业的发展空间日益加大。我们会据此对培训教材及时调整和改进。鉴于编写人员的学识和经验有限，培训教材也有待于市场进一步检验，不妥之处敬请读者提出宝贵意见！

国家体育总局人力资源开发中心

2021 年 7 月

前言

　　2008年国家体育总局人力资源开发中心（职业技能鉴定指导中心）组织专家编写了《体育经纪人国家职业资格培训教材》（以下简称《教材》）。《教材》出版以来，在体育经纪人从业人员培训、体育经纪理论指导实践方面发挥了积极作用。近年来，随着经济快速发展，我国体育产业已升级到国家战略并要打造成国民经济支柱产业的层面，体育产业领域需要更加规范合理、健康有序发展，这对体育经纪行业而言无疑是一个巨大的发展机遇。体育经纪是衔接体育产业上下游不可或缺的一部分，在体育产业的发展过程中有着巨大的价值与作用。在新的形势下，政府、市场、社会以及体育产业业态相关利益方对体育经纪人的需求不断增加，体育经纪人职业的发展空间日益加大，编写出版反映时代特点的教材需求不断增加。与此同时，各地在《教材》使用过程中，逐渐发现了新的亮点需要补充到《教材》中，因此，修订《教材》已成为各方共识。

　　本次修订在原有框架体系内，针对体育经纪人职业活动的领域，按照模块化设计，分《体育经纪人（基础理论篇）》《体育经纪人（三级）》《体育经纪人（二级）》《体育经纪人（一级）》进行编写。

　　《教材》修订是在国家体育总局人力资源开发中心（职业技能鉴定指导中心）的组织领导下完成的。2020年5月，国家体育总局人力资源开发中心组织教材编委、高等教育出版社、北京众辉、上海强尧、广东鸿天等培训机构相关人员召开了《教材》修订编写会，研讨修订方案，最终形成教材编写方案以指导编写工作。《教材》修订采取新老作者通力合作、共同署名的方式进行，在编写组积极协作下，最终完成修订任务。

　　本教材由北京体育大学肖林鹏教授担任主编负责统稿，谭建湘、刘勇、靳厚忠、王笑梅、邵淑月担任副主编负责审稿。编写人员包括：第一章　王笑梅（天津体育学院）、陆遵义（上海师范大学）；第二章　刘奕（中国足球协会）、杨晓晨（天津体育学院）、谭建湘（华南师范大学）、朱明华（嘉兴灵思广告策划有限公司）、刘清早（上海体育学院）、时杰（中国社会科学院）；第三章　朱明华（嘉兴灵思广告策划有限公司）、李豪杰（吉林体育学院）、靳厚忠（中央财经大学）、夏雯震（北京大学）；第四章　石岩（湖北大学）、高松婴（北京神威远通科技有限公司）、肖淑红（北京体育大学）、王钊（广州体育学院）、张春萍（北京体育大学）；第五章　杨晓晨、叶加宝（天津体育学院）、闵捷（中央财经大学）。

体育经纪人职业培训的内容较广、范围较大，加之本次再版时编写的时间紧、任务重，书中未尽和不当之处，恳请广大读者与考评、教学人员提出宝贵的意见和建议，以待后续不断改进提高。

本书在编写过程中参考了国内外同仁的相关研究成果，在此谨致崇高敬意！在文献资料的引用过程中，难免挂一漏万，敬请体谅！

编者
2021 年 7 月

目 录

第一章　体育经纪业务调研　1
　　第一节　信息搜集······································ 2
　　第二节　信息整理···································· 17
　　第三节　信息分析···································· 25

第二章　体育经纪业务权利获取　38
　　第一节　业务接洽···································· 39
　　第二节　业务谈判···································· 44
　　第三节　合同签订···································· 53

第三章　体育经纪业务谋划　59
　　第一节　方案构想···································· 59
　　第二节　文案撰写···································· 75

第四章　体育经纪业务实施　100
　　第一节　公关协调···································· 101
　　第二节　市场推广···································· 116
　　第三节　活动监控···································· 127

第五章　体育经纪业务总结　　　137

　　第一节　资料归档 ·························· 138
　　第二节　客户管理 ·························· 144

参考文献　　　162

第一章

体育经纪业务调研

本章提示

体育经纪业务调研是体育经纪人应该具备的一项基本技能。本章主要介绍体育经纪业务调研在经纪业务活动中的重要作用；网络检索文献资料的途径和具体步骤；访谈法的基本程序和应注意的问题；问卷法中问卷的结构、设计和发放，选择调查对象，以及网上问卷调查方法等知识。介绍对所获得的文字资料和数据资料分类整理的方法、步骤和要求，以及如何对定性资料和定量数据进行描述性统计等内容；阐述体育经纪信息分析报告的撰写步骤和内容，并配合案例分析和实操练习等手段，提高学员体育经纪业务调研的能力。

能力要点

- 能够运用文案调查方法收集体育经纪信息
- 能够运用实地调查方法收集体育经纪信息
- 能够对体育经纪信息进行分类与汇总
- 能够对体育经纪信息进行数据处理
- 能够对体育经纪信息进行描述统计分析

知识要点

- 文献资料筛选法
- 网络信息检索
- 访谈调查法
- 问卷调查法

- 文字和数据资料的分类整理
- 定性和定量资料描述性统计
- 体育经纪信息分析报告的内容
- 体育经纪信息分析报告撰写步骤

第一节 信息搜集

信息是体育经纪人了解体育市场的重要工具之一，对体育经纪活动工作起着至关重要的参谋作用。通过它可以了解客户实际情况，从中看到客户的需求动态，并能据此对市场动态作出判断。因此，在实际工作中，体育经纪人应该注意对信息的搜集、整理，并予以充分运用。

面临一个信息浩渺的社会，充分合理地利用信息资源是在竞争中获得成功的关键。对于一个从事体育经纪活动的从业者，只有懂得用科学的方法去获得并利用信息，才能更好地开展经纪业务活动，获得更多成功的机会。

一、体育经纪信息搜集的含义、作用与要求

（一）体育经纪信息搜集的含义

信息是指可传播的具有使用价值的消息。对于体育经纪活动而言，体育经纪信息是指能够满足体育经纪活动需要的消息，包括文字、数据、图像、声音等。信息是体育经纪活动的基础，也是体育经纪活动的一大要素。随着体育市场的蓬勃发展，体育经纪活动的各类信息不断增多，如何有效地搜集和利用信息，直接关系到体育经纪活动的运作效率和效益。

体育经纪信息搜集是指使用一定方式方法获取体育经纪业务所需信息的过程。信息搜集是信息得以利用的第一步，也是关键的一步。信息搜集直接关系到整个信息管理工作的质量。

随着我国体育经纪业的发展，体育经纪市场信息越来越广泛地受到重视，市场信息不仅是体育经纪业赖以生存的基础，也是经纪人开展业务的重要依据。体育经纪人只有在复杂多变的市场环境中有目的、有计划、有步骤地搜集信息，获得开展体育经纪具体业务所需要的足够市场信息，全面了解开展某项体育经纪业务的市场情况和资源配置情况，只有这样，才能在市场竞争中取得主动权并获得成功。

（二）体育经纪信息搜集的作用

体育经纪业务的获取和完成质量高低，在很大程度上取决于体育经纪人能否及时、准确、完整地掌握体育经纪市场的信息。体育经纪业务信息在整个体育经纪活动中具有基础

性、决定性的作用。

1. 信息搜集是体育经纪业务的源泉

体育经纪业务的来源很大一部分来自信息搜集的过程。在信息搜集的过程中，体育经纪人必然要和目标客户接触（如运动员、体育组织、商业企业等），在交流中往往能够发现其切实需求，若在此时介入，帮助其解决问题，向其提供体育经纪建议，则业务成功的概率就会增大。

2. 信息搜集是获取体育经纪业务权利的前提

在运作一个体育经纪业务项目的过程中，在投标之前必然要对标的本身、权利拥有者、竞争对手、市场情况（特别是可赢利情况）等进行详细的调查分析。只有尽可能地搜集信息，做好充分的资料储备，完善投标准备，才有可能获得体育经纪业务权利，并实现经纪业务利益最大化。

3. 信息搜集可为项目的分析、谋划与实施提供依据

信息的搜集不仅对权利获取有益，而且对随后的体育经纪业务谋划也十分有利。一些宝贵的、具体的业务信息，为体育经纪业务谋划的创意、系统策划、顺畅执行等提供了依据，从而保证体育经纪业务能够得到最终成功。

4. 信息搜集能更好地服务于委托人和第三方客户

体育经纪人只有掌握大量的信息，利用自己掌握信息的渠道与各方保持联系，才能创造更多的机会，才能利用有价值的、有针对性的信息，为委托人和第三方合作者提供更好的服务。信息是体育经纪人的宝贵资源。广泛、全面的信息，能够完整地反映客观环境及变化趋势，为决策的科学性提供保障，从而促进经纪业务顺利开展和经纪活动的成功。

（三）体育经纪信息搜集的要求

作为一名体育经纪人，在瞬息万变的市场形势中，如何成功搜集市场信息呢？要做好市场信息的搜集工作，必须在提高对信息工作认识的基础上，把握住市场信息的特点和搜集信息的规律，处理好市场信息的数量与质量关系，确保市场信息的时效性、适用性和价值性。具体来说，应做到以下几个方面：

1. 明确信息搜集的目的和方向

市场信息的内容多而庞杂，有些是对自己有用的，有些是对自己没用的。体育经纪人在搜集市场信息之前，必须明确搜集的目的和方向。为此，搜集的市场信息必须切合实际，对解决问题具有参考价值。在选择调查对象和搜集内容时应注意针对性，这样不仅可以减少搜集工作的费用，还有助于提高信息整理工作的效率，对排除无关信息干扰，提高信息分析的质量也有帮助。

2. 制订信息搜集计划

为使信息搜集的工作达到预定目标，体育经纪人事先应该制订一份具体、详细的计划。计划的制订要贴近实际，根据客户（如运动员、体育组织、赞助企业）分类情况的不同，制订不同的搜集计划。计划中要明确自己应该到哪些信息源中去获取信息，它们的可信度如何？如果信息量过大，不可能对所有的客户进行搜集调查时，也可以按一定的比例从中抽取有代表性的样本进行研究。此外，计划中还要有搜集的方法，还要学会运用互联网技术，来拓宽信息搜集的范围。

3. 注意信息来源的"层次性""深入性""广泛性"

经纪业务信息既要从专家学者论著和专业学术论文中搜集，也要从经纪行业的调研报告和文章观点中搜集，还应该经常与不同细分业务、不同背景的客户与潜在客户群体交流、打交道，才能获得不同层次的市场信息。市场信息搜集要有深入性，不仅要看到市场的表面现象，更要挖掘出潜在的、深层次的信息，发现规律，找到形成该现象的原因。市场信息搜集要具有广泛性，不能仅局限于某个方面，应该涉及更大范围。

4. 提高捕捉市场信息的敏锐性

市场信息千变万化，体育经纪活动的商机稍纵即逝。因此，体育经纪人要提高捕捉市场信息的敏锐性；平时多关注体育经纪市场的动态、趋势；多留意市场热点、难点问题；多了解市场需求形势的发展和变化；多对问题问一个为什么，多进行思考，增强对市场上存在的各种问题和矛盾的敏锐的反应力，及时捕捉住有价值的市场信息，为下一步成功运作体育经纪活动打下良好的基础。

5. 注意信息的时效性

信息的利用价值取决于该信息的时效性，最新的消息和情报对经纪业务的获取和决策才是有效的。因此，体育经纪人不仅要经常关注市场的新信息，还要主动搜集信息，提高感知信息的敏感性。

6. 注意信息搜集的数量和质量的结合

搜集市场信息要多元化而不能单一化，不仅要搜集客户的需求情况，也要搜集客户反馈的意见、建议，以及他们关注的热点、难点问题，使市场信息的搜集向多元化发展。搜集市场信息并不是越多就越好，体育经纪人还要正确处理市场信息的数量和质量之间的关系，既要数量也不能忘质量。搜集市场信息时，要把目光放在信息的实用性、有效性上，要注意把各种情况、各种问题和社会现象加以过滤，从中"网"住主要问题和矛盾，搜集有参考价值的市场信息。

7. 对搜集的市场信息要甄别、筛选

体育经纪人对各种各样的信息要冷静思考、认真甄别，然后分层次、分角度、全方位地进行筛选，由多到少，由粗到精，由杂乱到有序，最后集中整理分析，要在分析研究的基础上，做出正确的判断和决策。

8. 要考虑成本与收益的关系

信息搜集的成本除了实际的财务支出外，还包括机会成本，如时间、精力等用于其他用途所能得到的收益。此外，信息处理的难易程度也会影响到成本的高低。市场信息搜集是为提高体育经纪活动效益服务的。所以，体育经纪人在搜集信息时必须考虑其经济性。

二、体育经纪信息搜集的方法

（一）文献资料筛选法

1. 文献资料筛选法的含义

文献资料筛选法是指从文献资料中筛选出与体育经纪活动有关的信息和资料的方法。与体育经纪业务相关的文献资料一般有：图书、杂志、统计年鉴、会议纪要、学位论文、科研报告、历史档案、政府政策条例，以及内部资料和数据等。应根据调研的目的和要求，有针对性地去查找和搜集有关的文献资料，为体育经纪业务服务。

由于互联网技术的快速发展，现在的文献资料搜集更多地以网络搜索方式为主。但是，有些文献和资料未被公开上网，如档案、个人资料、内部资料、小众书刊报纸，以及历史久远的文献等，只能通过传统的人工方式搜集获取。

2. 文献资料搜集的要求

（1）广泛性。现有资料的搜集必须全面，要通过各种渠道，利用各种机会，采用各种方式搜集各方面有价值的资料。一般说来，文献资料的来源有：互联网、学校文献数据库、图书馆、企事业档案资料室、档案馆、个人保存的资料等。资料搜集还应考虑既要有宏观资料，又要有微观资料；既要有历史资料，又要有现实资料；既要有综合资料，又要有典型资料。

（2）针对性。根据目标要求，确定资料选择的范围和内容，既要着重搜集与调查主题紧密相关的文献资料，也要注意搜集与主题相关的间接资料，并进行摘录、整理和选择，以得到对体育经纪业务有参考价值的信息。

（3）时效性。在搜集资料时要摒弃过时的，与目前市场情况不相符的资料，确保搜集的资料能够准确反映最新的信息。一般来说，应该从最近（最新）发表或出版的文献、资料、数据开始查阅，逐步往过去延伸。随着信息时代的到来和体育市场活动节奏的加快，资料的适用时间在缩短。因此，只有反映最新市场活动情况的资料才是最有价值的。

（4）连续性。对一些具有趋势性变化的资料和数据在搜集时应注意资料的连续性和完整性，要对连续数据和资料进行动态比较，以便于掌握事物发展变化的特点和规律。

（二）网络信息检索法

1. 网络信息检索的概念

网络信息检索法就是利用互联网、终端设备（计算机、手机、平板电脑等）配以相关搜索软件，检索和存储信息的方法，人们可以通过联网计算机，使用特定的检索指令、检索词、检索提问和检索策略，从网络资源中检索出所需要的信息，并在终端设备显示、下载、保存或打印。

2. 网络信息检索的特点

（1）空间拓宽。检索互联网上的各类资源时不必预先知道某种资源的具体地址。

（2）检索快捷。处理速度快、运算准确、可靠性高。

（3）多元灵活。采用逻辑运算和限制检索等功能，使检索词之间能够灵活地进行组配。

（4）交互式作业方式。能够及时响应用户要求，执行相应操作，并具有良好的信息反馈功能。用户在检索过程中可以及时获得联机检索帮助和指导。

（5）信息更新快。信息公司和资源库有专门的管理人员，他们除了网页维护外，还有更新页面信息的工作，以确保许多动态类信息资源可以随时更新。

（6）资源共享。利用本地计算机可以查询、获取网上丰富的信息资源，每个联网计算机都可以成为网上的信息源，实现资源共享。

（7）操作简便。用户使用自己熟悉或方便的检索界面、检索指令进行检索查询，并以自己所需的格式显示或输出、保存自己检索到的信息资源。

当然，网络信息检索也有缺陷。比如信息繁杂且真假难辨，充斥广告、不良链接等。

常用搜索引擎

3. 网络信息搜集的主要途径

（1）搜索引擎。搜索引擎是由搜索软件自动搜集互联网信息，进行索引建库并提供全文检索的工具。它不仅可以快速地搜集全球各网站的信息，还能及时发现新的网站内容并剔除已废弃的网站网页，更新完善自身数据库。

常用体育信息网站

（2）网络地址。互联网上有成百上千万台主机，为了区分它们，给每台主机都分配了一个专门的"地址"以方便检索，如 http://tiyu.cnki.net/（图1-1-1）。

图1-1-1　网络地址和主题指南

国内企事业单位和公司网络地址可使用搜索引擎直接输入汉语或拼音名称进行检索。

（3）主题指南（网络目录）。利用人工分类的方法将信息组织成一个树状目录结构，用户根据主题类目和子类目逐层深入，检索所需信息（图1-1-1）。

常用体育竞技运动网站

（4）资源链接、超链接。检索到某一信息资源，往往有许多相关链接、推荐链接、热点链接等，点击"链接"，可以查找到更多相关有价值的信息（图1-1-2）。

常用体育产业信息网站

图1-1-2 网络资源链接

（5）网络文献数据库。网络文献数据库有免费和有偿使用两种情况。免费资源，如免费网络期刊（数字图书馆）、免费数据库；需购买使用的，如中国知网、万方学位论文数据库、工程索引、科学引文索引等中外文数据库。

4. 网络信息检索具体步骤

（1）确定检索主题和关键词。

（2）选择合适的数据库或专业网站、门户网站等。

（3）设计合理的检索式，提高查准率。针对不同的搜索引擎、数据库和不同的信息需求，有不同的检索策略，其检索式的构造也各有不同。

（4）输入检索词或关键词。专业文献资源库有简单检索和精确检索两种方式。

（5）选择检索字段，即选择与检索条件相应的检索字段。

（6）阅读、分析检索到的信息，进一步优化、修改检索策略。

（7）打印或下载检索结果，分类保存。

（三）访谈调查法

访谈调查法是调研者根据调查目的和问题，直接与被访问者交谈，以获得信息资料的方法。在实际应用中按与被调查者接触的方式不同，分为面谈调查法（包括个人访谈、小型座谈会）和电话调查法等。在体育经纪业务调查中，一般是对相关专家、资深人士和业务实践一线人士，以及特定人士等进行访谈。

随着社会发展和科技进步，电话访谈作为访谈方法的惯用方式被赋予了更多的内涵和外延，如网络电话、社交软件等都已具备相应的功能，特别是手机的普及和其功能的强大，微信、脸书、推特等应用软件的开发使用，为访谈提供了快速、便利、低成本的工具。访谈调查还可以结合问卷调查法，以提高调查工作的效率。

1. 访谈调查基本程序

（1）访问前准备。为获取经纪业务信息资料而需要面谈调查时，事先应制订一份详细的调查计划。首先，根据调查目的和要求选择合适的受访者，经过联系确认已同意接受访问调查。第二，准备好需要提问的问题，问题的设计要明确具体，有针对性，如有必要，还可以附加一份专门的问卷表。第三，与受访者约定访谈时间和地点，一般来说，时间和地点要考虑方便受访者接受访谈。如果是电话访谈，同样需要约定时间，并获得受访者提供的电话号码。第四，如果访谈人数较多，且需要多人担任调查者，则必须对这些人进行统一培训，以达到访谈调查的标准和要求。

（2）进入访问。访谈前调查者应先作自我介绍，告知访谈目的，简单问候交谈，在征询得到同意后开始提问。访谈时间一般控制在 30 分钟到 1 个小时，而电话访谈的时间尽量控制在 30 分钟以内。

（3）结束访问。访谈结束时，对受访者要表示感谢，并及时整理好访谈记录（图1-1-3）。

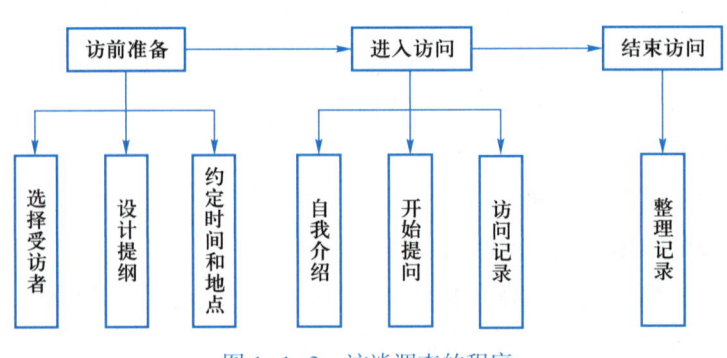

图 1-1-3　访谈调查的程序

2. 访谈调查应注意的问题

（1）访谈提纲或问题事先要仔细斟酌，问题简单明了。如遇到隐私或保密的问题，应先征询意见，或做些说明，以尊重受访者。

（2）严格遵守约定，如果因特殊原因确实无法去访谈，或推迟时间，调查者一定要及时联系受访者，并得到受访者的谅解。

（3）如有多个问题，一般先简单后复杂，或关联性问题放一起提问。

（4）访谈时，无论面谈还是电话访谈，需要录音资料时需得到受访者同意方可进行。

（5）访谈一些德高望重的专家、学者、著名人士等可备些小礼物表示谢意。

（6）因调研工作需要，可能会在一些场合对不特定社会人群进行访谈。访谈时问题要少而精、简单明了，必要时可采用录音笔，便于结束后进行资料整理。

（7）面谈调查法和电话调查法涉及较多的人力和财力，要根据调查重要性、距离远近、受访者身份，以及调查内容的难易程度等情况综合考量采取哪种方式进行调查（表1-1-1）。

表 1-1-1　面谈调查与电话调查优缺点比较

类别	优点	缺点
面谈调查	回收率高 信息真实性较强 信息量大 灵活性强	成本高 主观因素影响大 对调查者要求高
电话调查	节省时间和费用 受访者范围大 与受访者比较容易交流 信息搜集速度快	访谈时长受限 不利于复杂问题的提问 调查信息的真实性不确定

（四）问卷调查法

问卷调查法是指调研者根据调查目的，以书面形式提出若干问题，对被调查者进行控制式的测量，以获得信息资料的方法。问卷调查法有现场问卷调查、留置问卷调查、邮寄问卷调查、电子邮件调查，以及网上问卷调查等形式。

现场问卷调查是指在指定场所对特定人群，采用纸质问卷表进行调查，获得信息资料的方式。留置问卷调查是指调研者将问卷表当面交给被调查者，并对填表要求作适当解释说明，留给被调查者事后自行填写的方式。邮寄问卷调查是指将设计好的纸质调查问卷表通过邮局寄送，被调查者填写后在规定日期内寄回的方式。电子邮件调查是指将问卷调查表以电子信件的形式，通过互联网，发送到被调查者的电子信箱内，经接收、填写、回传等过程，完成调查工作的方式，其中计算机充当了"邮局"的角色。

以上四种方式各有优缺点，可根据问卷回收率和调查成本进行选择（表1-1-2）。

表1-1-2 四种问卷调查方式比较

特性	现场问卷调查	留置问卷调查	邮寄问卷调查	电子邮件调查
问卷回收率	高	较高	较低	低
发放灵活性	低	较低	较高	高
问卷准确性	高	较高	较低	较低
回收速度	快	较慢	慢	较快
成本	较高	高	较低	低
发放范围	小	较小	较大	大
问卷难度设计	较高	高	较高	较低

1. 问卷的基本结构

问卷一般由卷首、正文和结尾三部分组成。

（1）问卷的卷首。主要包括题目、问候语、调查目的、填表说明和问卷编号等。问候语应该亲切、有礼貌，能交代清楚调查目的、调查者身份、保密原则及奖励措施等。为了规范受访者对问卷的回答，填表说明要详细告知填表方法，一般放在卷首部分。有些特殊填表说明也可以放在各有关问题项之前。尤其是对自填式问卷，填表说明一定要详细、清楚，而且位置要醒目。问卷编号是为了便于整理调查表，并且便于校对、更正错误。

（2）问卷的正文。一般包括调查的问题项、调查对象的有关背景资料和编码三个部分。调查表的问题项是问卷表的主体，主要包括调查的问题和备选答案。调查对象的背景资料也是正文的重要内容之一，如个人年龄、性别、文化程度、职业、职务、收入水平、家庭的类型、人口数、经济状况、单位的性质、规模、行业、所在地等，这些背景资料可为调查者处理分类数据时提供更多方便和信息。由于部分个人资料比较敏感，具体内容要依据研究者先期的分析设计而定。编码是将调查问卷表中的问题项，以及备选答案给予统一的代码。编码既可以在问卷设计的同时就设计好，也可以等调查工作完成以后再进行。前者称为预编码，后者称为后编码。在实际调查中，常采用预编码。编码一般应用于大规模的问卷调查中。因为在大规模问卷调查中，调查资料的统计汇总工作十分繁重，借助于编码技术和计算机软件，则可大大简化这一工作。

（3）问卷的结尾。可以设计一些开放性问题，便于被调查者发表个人的看法，可作为问卷调查的补充或参考。最后还应对被调查者的合作表示感谢。

2. 问卷设计的程序

设计一份问卷是一个系统的过程，因此在制作问卷之前，需将调查内容可能涉及的方面列一个大纲，为设计一份好的问卷而做好每一步工作。

（1）明确所需获取的信息及分析方法。问卷的设计要时刻针对调查的目的，根据调查的目的来确定所需的信息，并针对所需的信息设计问卷。

（2）选择恰当的资料搜集方式。经常使用的资料搜集方式有现场问卷调查、留置问卷调查、邮寄问卷调查、电子邮件调查，以及网上问卷调查等，不同调查方式各有利弊，在选择时需要依据调查要求和客观条件进行权衡。

（3）确定问卷调查每个问题的内容。为了让问卷发挥最大的效用，调查者所设计的每个问题都要力求能获得有价值的数据。

（4）选择合适的问题类型。一般来说，问卷中涉及的问题可归纳为两类，即封闭题和开放题。封闭题是指调查者事先设计好问题的备选答案，被调查者只能从中选择一个或几个答案。开放题是指没有向被调查者提供可选择的答案，被调查者可以自由地、不受限制地使用自己的表述来回答。

（5）确定问题的措辞。就是把问题的内容和结构转化为通俗易懂的语言。在措辞表述上应注意以下几个方面：语言简单，问题直接，如"您经常参加体育锻炼吗""您喜欢观赏体育比赛吗"等，避免模棱两可，一个问题只涉及一个方面；问题无偏见；避免诱导性措辞；避免隐含的假设或双重含义的问题。

（6）确定问题项的排列顺序。问卷中的问题项的排列顺序会影响被调查者的思维、判断、答题兴趣、情绪等，进而影响调查结果。所以一份好的问卷表对问题的排列需要精心设计。

一般而言，问卷的开头部分应安排比较容易的问题，这样可以给被调查者一种轻松、愉快的感觉，以便于他们继续答下去。中间部分最好安排一些核心问题即调查者需要的重要信息，是问卷的核心部分，应该妥善安排。结尾部分可以安排一些背景资料，如职业、年龄、收入等。个人背景资料虽然属事实性问题，也十分容易回答，但有些问题，诸如收入、年龄等同样属于敏感性问题，因此一般安排在末尾部分。当然在不涉及敏感性问题的情况下也可将背景资料安排在开头部分。

另外，应注意问题的逻辑顺序，有逻辑顺序的问题一定要按逻辑顺序排列。

（7）问卷的排版和布局。问卷的设计工作基本完成之后，便要着手问卷的排版和布局。问卷排版和布局总的要求是整齐、美观，便于阅读、作答和统计。

（8）问卷的测试。问卷的初稿设计工作完毕之后，不要急于投入使用，需要进行问卷的信度、效度检验，特别是对于一些大规模的问卷调查，最好的办法是先组织小样本测试，如果发现问卷设计有问题，应该及时修改。为使问卷表更符合调查目标和要求，可以考虑多次预测和修改，直至满足调研要求。

（9）问卷的定稿。当问卷的测试工作完成，确定没有必要再修改后，可以考虑定稿，然后交付打印，正式投入使用。

> **相关链接**
>
> **设计问卷句时十个应注意的问题**
>
> 1. 避免提笼统、抽象或过于专业化的问题。
> 2. 避免用不确切的词语。
> 3. 避免使用含糊不清的句子。
> 4. 避免引导性提问。
> 5. 避免提断定性问题。
> 6. 避免提令被访者难堪、禁忌和敏感的问题。
> 7. 问句要考虑时间性。
> 8. 拟定问句要有明确界限。
> 9. 避免一问多答的问题。
> 10. 注意提问的顺序。
>
> (引自寻亮全,熊凯等. 市场调查与分析[M]. 成都:电子科技大学出版社,2007:40-42.)

3. 问卷题型与设计

(1) 封闭型问卷。封闭型问卷又称限选答案问卷,是调查者设计问卷时在每个问题下方提供若干备选答案,让被调查者在此范围内选择的问卷类型。通常单选题的备选答案为3~5个,多选题一般为5个以上。

选择式:选择式又称任意选择式。问卷设计者在问题下方设计列出至少三个备选答案,要求被调查者选择其中一个,打"√"即可。

排列式:问卷设计者在问题的右侧用数字1、2、3……或英文字母作为问题的备选答案,被调查者选择其中一个数字或字母打"√"即可。数字大小和字母顺序表示程度的等级,如重要性程度、赞同程度、符合程度等,这类问卷非常适合定量统计工作。

评定式:评定式常用于一些比较模糊,难以用文字或精确数字回答的问题,一般采用权重系数或等级评定。如用5个或10个等级,或用不同的权重系数对某事物、事件的重要性做出选择评定,一般打"√"即可。

填空式:填空式是被访者直接在题项的回答空格内以数字或文字表述的方式。问卷中的背景资料通常也设计成填空式题项。

是非式:一种简单判别的问题设置,要求被调查者对所提出问题在"是""否"或"对""错"或"同意""不同意"等答案中选择,通常是肯定回答打"√",否定打"×"。

(2) 开放型问卷。开放型问卷又称自由式问卷,是指问卷设计者不提供问题的备选答案,被调查者根据问题可不受限制地阐述己见,问卷中问题下方留有几条长线,留空大小由题目要求决定。例如,"您认为体育经纪业务未来会在哪些方面得到快速发展"。

这种题型的优点是被调查者回答问题时不受任何限制，调查者可获得较丰富的信息；缺点是整理工作量大，不便于量化统计分析，同时，受访者答题所花费时间较多，可能会降低问卷回收率。

在实际中，根据调查要求，更多的问卷设计者将封闭型与开放型问题结合使用，以兼顾两者优缺点，而获得更多的调查信息。

4. 问卷调查对象选取

调查对象是指调查者根据调查目的和要求而选择的特定个人或人群。

（1）全面调查。全面调查是指对某个对象整体无一遗漏进行调查。这种调查有范围限制，如对体育经纪人上海培训点获得三级职业资格证书学员的从业状况调查，其调查结果可与北京和广州培训点学员从业调查情况进行对比分析。其优点是对所调查的对象能全面了解，准确度高。缺点是当调查的对象人数较多时，会导致高成本，费时费力。

（2）典型调查。典型调查是指在对研究对象总体初步了解和分析的基础上，选择有代表性的典型对象进行调查。如对国家女排团队凝聚力特征的调查，通过调查分析从中发现凝聚力形成的影响因素。其优点是调查范围小而容易深入，缺点是在选择典型对象时容易受主观因素影响。

（3）抽样调查。抽样调查是指从研究对象的总体中，按随机原则抽取一部分对象组成一个样本，通过对样本的调查、分析和研究来推断总体的一种方法。抽样调查是市场调查常用方法之一。

① 单纯随抽样机：将需调查总体的每个人都赋予一个号码，然后查阅随机数表，根据表中数字抽出所需样本，这种人工取样方法现在较少使用。现在已有专门软件，利用计算机随机数生成器小程序完成抽样，方法是设定一个总人数和样本数，然后自动报出随机号码，当满足样本人数时自动停止运行。

② 分层抽样：将调查总体按某种特性划分为若干分总体，再在每个分总体中随机抽样。如将学生总体分成小学、初中、高中、大学分总体，然后在各个分总体中随机抽取等量学生，组成调查对象进行研究。

③ 分群抽样：将调查总体按区域、类别等划分，再在每个群体中随机抽样。如调查中国体育经纪人职业资格培训现状，则每个培训点就是一个群，只要在每个培训点随机抽取相等的学员人数，组成调查对象即可。这样可避免个别培训点由于特殊情况而产生调查误差。

抽样调查的优点是调查范围小、时效高、费用省。缺点是如果分群不合理而导致抽样误差较大时，会影响推论总体的准确性。

5. 问卷信效度检测

问卷信度、效度检测是指问卷设计完成后通过一定的方法手段，检测问卷的可靠性和稳定性，以及是否符合调查目标和要求的过程。

（1）问卷的信度。

重测信度是指调查表使用的稳定性程度，即用同一个问卷表对相同人群进行两次或多次测试，所得到的结果应该相近或一致，通常用两次测试结果之间的相关系数（R）表示，相关系数越高，表明问卷稳定性越好。一般两次测量之间相隔10天或两周较为适宜。

复本信度是指调查目的和要求相同，但问卷是由两个人或不同组织分别设计，用两种问卷分别对同一组被试对象进行测试，将两组结果进行相关性比较，如果相关系数达到统计学高度相关要求，则这两种问卷可以相互替代。在学术研究中常用它来检验新问卷设计的科学性问题，或对样本某些特征进行再确认。如测量运动员个性心理有多种量表（调查表一种）可以选用，由于之前有研究者对这些量表进行了测试和对比，显示它们之间相关系数很高，那么，我们就可以任意选用其中一种量表进行测量研究。

折半信度是指将测试后的问卷中题项的编号按单、双数分成两组，计算这两组的相关系数，如果相关系数高，则可以认为问卷的信度符合要求。

在实际使用中重测信度方法最为常用。

（2）问卷的效度。

表面效度也称为内容效度，是指问卷中每个问题能很好地、独立地反映某方面信息，所有问题能满足调查者制定的调查目标和要求。一般来说，问卷设计制作都由专业人员完成，但问卷的效度判定则需要由相关领域专家、学者来认定，或采用专门的统计学方法判定。

准则效度是指若调查中所用的新方法或指标与过去权威方法或指标所得出的结果相近或相同，则可以认为新方法或指标的效度符合调查要求。准则效度在自然科学领域应用较广。

结构效度是指调查的主题与其他若干因素关联程度，与主题关系越密切则效度越高。例如，对退役运动员社会生存能力调查中，有关生存能力问题较为抽象，难以直接回答。因此，问卷设计时用认知能力、交往能力、自理能力、工作技能、抗挫折能力、饮食爱好等指标进行替代测量，结果发现其他指标关联性较高，而饮食爱好关联性较低，因此，去除饮食爱好指标后该问卷的结构效度就符合调查要求了。

6. 网上问卷调查

网上问卷调查是指利用互联网的传输和交互功能，调查者在网上发布问卷，通过访问者填写与回传，搜集被调查对象信息的方式。网上问卷调查具有目的性强，形式多样，实时传递等特点，可快速获取体育经纪市场的信息。

相关链接

问卷回收率低或废卷多的主要影响因素

1. 问卷中答题量过大，花费时间过多。
2. 问卷中问题表述难懂，或专业性过强。
3. 问卷中涉及个人隐私问题过多。
4. 问卷中开放性问题过多。
5. 采用邮寄或电子邮件的方式发放的问卷。
6. 问卷表经多人转交后的发放与回收。
7. 无特定对象的广发性问卷。
8. 问卷表题项类型设计复杂，且逻辑顺序性差。
9. 问卷表版面文字过于密集，且字体过小。
10. 问卷回收需要被调查者自行付费寄送。

互联网作为一种快捷、高效的信息传播平台，在发布和搜集各类信息活动中越来越显现出重要价值和巨大潜力，因而被广泛利用。政府机构、公司、企业、社会团体等都可以通过在网站主页上发布或提供相关链接问卷表，通过访问者填写与回传，获得所需要的社会信息和市场信息。

许多体育用品营销企业拥有自己的网页或网站，可以经常对已购买产品的顾客进行问卷调查，包括产品质量、使用满意度、销售服务等。而对于其他访问者和潜在顾客，登录该公司网站可获得各种服务，包括产品信息、问题解答等，以吸引客户经常参与企业的网上活动。

有些企业网站还专门在网上建立了企业产品和服务的小型论坛，客户或访问者可以在论坛中发表个人的见解，或接受问卷调查。用户信息的及时反馈，也为体育用品厂商在制定和调整营销策略时提供依据。很多网络公司开发了专业软件，为尚未建立网页、网站的企业提供网上调查服务，也有许多公司委托网上调查公司进行专业调查（图1-1-4）。

目前还有很多网络公司为有需求的个人、公司、企业等提供在线专业性调查服务，并可根据客户要求设计、制作满足特殊要求的问卷调查，或提供问卷表的设计制作模板，让调查者根据需要自行设计制作问卷表（图1-1-5）。

网上问卷调查优点——发布的实时性，较好的应答率，较大的调查范围，较高的随机性，低廉的费用，更快的回收速度等。缺点——由于匿名性特点，容易产生信息偏差，可靠性和准确性不可控，无法限制虚假信息等。因此，问卷的问题简洁易答，避免涉及隐私信息，尽量不用开放性问题，以及给填写者一些回报，如购物折扣、球票、活动入场券等措施，可以提高网上调查的效率。

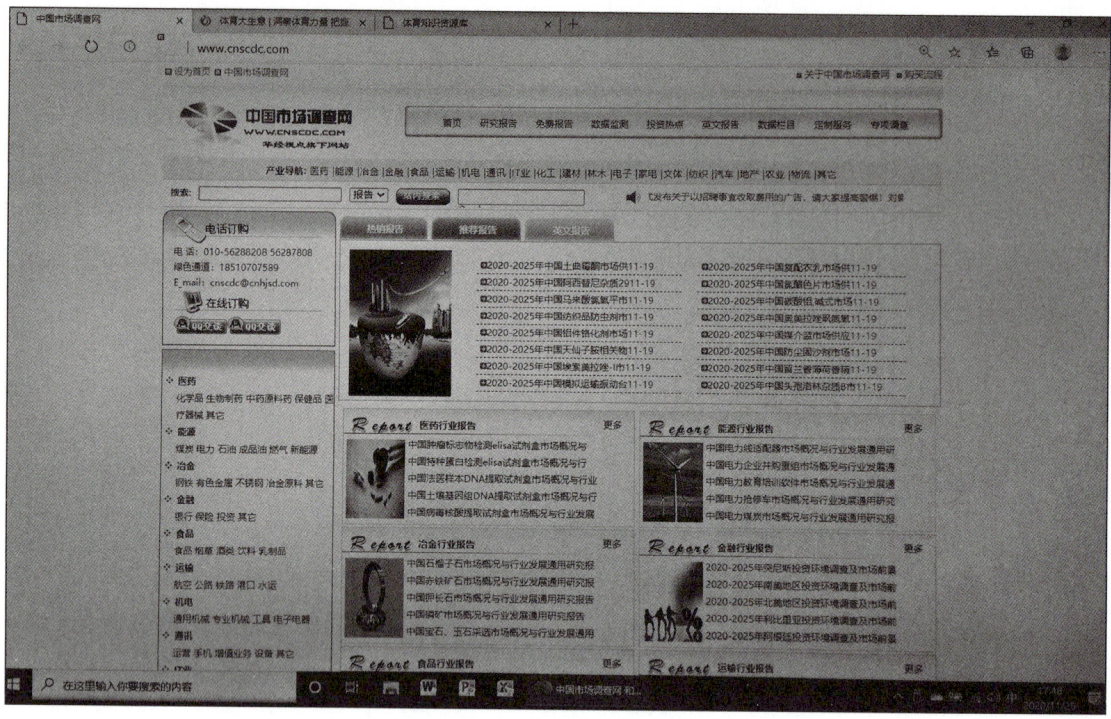

图 1-1-4　专业调查公司

图 1-1-5　网上调查服务公司

随着 5G 网络的普及和覆盖率提高，智能手机已成为最方便大众使用的移动终端，也为网上调查实施提供了便利。某些公司企业的网站会在有人浏览网页内容时，在页面上弹出一个实时问卷窗，让有兴趣的访问者作答，从而获得用户多种信息。如某体育经纪公司在赛场入口处张贴海报，观众手机扫码后有抽取各种奖品和与运动员互动的机会，并提供赛事和运动员各种信息的查阅渠道。公司的调查人员则可以对观众群进行各种实时网上调查，以完成市场信息搜集的任务。

不同于使用完整结构的问卷表进行网上调查，在线实时问卷窗问卷设计通常只有问题和备选答案，一般只有一个或几个短小简练问题，受访者只要点击相应选项后，点击"提交"就可以完成答卷，便于访问者快速阅读与回答。部分实时问卷窗设计还可以显示调查结果，以提高被调查者的答题兴趣。

第二节　信 息 整 理

信息整理是对所搜集的信息资料进行"去伪存真、去粗取精"的加工过程，是从资料搜集阶段到资料分析阶段的过渡环节。它是由感性认识上升到理性认识的重要环节，也是提高调查研究的可信度和效度的重要步骤。

根据原始资料的外部形态，可以把资料分为定性资料和定量资料两类，性质不同的资料所对应的整理过程和方法有所不同。定性资料和定量资料都必须经过整理才能达到条理化和系统化的目标，为进一步的分析研究奠定基础。

一、体育经纪信息整理的含义与意义

（一）体育经纪信息整理的含义

体育经纪信息整理，就是根据调查研究的目的，运用科学的方法，对调查所获得的资料进行检查、核实、分类、汇总及编辑的过程。目的是使资料更加系统化、条理化，以便进一步深入统计分析。广义地讲，体育经纪信息整理是指在资料分析之前做的所有准备工作，它既包括对定性资料的分类简化，也包括对定量资料的汇总和分组。

（二）体育经纪信息整理的意义

体育经纪信息整理直接关系到资料分析和研究结论的可信性与准确性，其重要意义主要体现在以下三个方面：

1. 信息整理是提高调查资料质量和使用价值的重要手段

调查得来的资料是相对分散和凌乱的，而且还可能存在虚假、短缺、冗余等现象。所有这些现象，都会在一定程度上降低调查资料的质量和使用价值。要解决这些问题，就必

须在研究的起始阶段进行一次全面检查和整理，以区分资料的真假和粗精，消除资料中的假、错、缺、冗等现象，以保证资料的真实、准确和完整。

2. 信息整理是分析和研究资料的重要基础

科学、合理地整理资料对于调查研究具有十分重要的意义。调查研究阶段的重要任务在于获得正确的结论，而正确的结论来源于科学的统计分析和思维加工，科学的统计分析和思维加工又依赖于调查资料的真实、准确、完整和统一。为此，就必须把所搜集的信息中的各种错误，特别是数据上的错误消灭在统计分析和思维加工之前。留下符合要求的资料是保证研究工作顺利进行的重要基础。

3. 信息整理是保存资料、进行补充调查或类比调查的客观要求

调查所获得的原始资料，不仅是调查的客观成果，而且对以后同类现象的调查具有重要参考价值。资料整理以后，无论结果怎样，都可以作为补充调查或类比调查的参考材料，以进一步促进调查的深入开展。实践证明，一份真实、完整的原始调查资料，往往具有长久的研究价值，对同类型的调查研究更是如此。

二、体育经纪信息分类的方法与原则

体育经纪信息分类是指根据事物内在的特点和调查研究任务的要求，按一定标准将研究现象的总体划分为若干组成部分的过程。通过这种分类形式，把不同性质的资料分开，把相同性质的资料归纳在一起，从而反映被研究现象的本质和特征，这是信息资料整理中极其重要的一步。然后对已分类的资料进行汇总和必要的统计，归纳出各项总量指标。在此基础上，编制成表或绘制成图，为信息资料分析工作打下良好的基础。

（一）体育经纪信息分类方法

1. 按照体育经纪活动内容划分

（1）运动员经纪活动信息。运动员经纪活动信息包括与运动员转会、表演和其他商业活动以及个人日常生活等有密切联系的各种信息。例如，根据运动员个人运动技术水平及发展潜力选择经纪代理对象；根据竞技体育市场的需求安排运动员选择和转会到适当的俱乐部；根据广告客户的要求，开发运动员的商业广告活动等。

（2）体育赛事推广活动信息。体育赛事推广活动信息包括与竞赛表演活动密切相关的信息，如项目来源信息，参赛运动队、运动员信息，电视转播和媒体宣传信息，赞助商或潜在资助的需求信息，观众的需求信息。

（3）体育组织经纪活动信息。体育组织经纪活动信息包括体育组织的竞赛表演活动安排的信息、体育组织项目招商或招标的信息、体育组织的委托咨询信息、俱乐部引进运动员或运动员转会的信息等。

2. 按涉及的环境与范围划分

（1）体育经纪内部环境信息。内部环境信息包括体育经纪业在内的体育中介市场的各种信息，如体育人才市场信息、竞赛表演市场信息、中介市场同行业之间竞争的信息等。

（2）体育经纪外部环境信息。外部环境信息包括国家关于体育经纪人政策、体育产业与体育市场政策、体育管理体制改革动态、区域体育消费的倾向与体育消费水平信息等。

3. 按信息的形式划分

（1）文献信息。文献信息是指通过文字记录和传递的信息，如各类报告、决议、规划、计划、方案、报表、报纸杂志、研究论文等方面的信息。这类信息数量大、种类多、易加工、易传递，便于储存和多次使用。

（2）非文献信息。非文献信息主要是指通过口头语言传递的信息，如电话、谈话报告、会议交流、电台、电视台、录像等。这类信息时效性强、传递快捷，在体育经纪活动中具有重要的价值。体育经纪人要搜集相关的非文献信息，并尽可能转为文献信息加以整理，以备从事相关体育经纪活动时参考利用。

（二）经纪信息的分类原则

（1）有效性原则。所谓有效性有两个基本含义：一是分类必须服从于研究目的，二是分类必须能反映现象的本质特征。在搜集过程中，由于信息来源广泛，关联性程度不同，故在分类时，要根据研究目的对信息有效性进行甄别。

（2）互斥性原则。互斥性是指分类标准应当独立和互斥，使资料只能归于某一类，避免出现资料分类混杂现象。在实际操作中对分类标准的确定需要仔细斟酌。

（3）完备性原则。完备性是指分类标准的确定应当使每一份资料都有归属，分类结果要将所有资料全部包容进去，没有遗漏。

（4）层次性原则。层次性是指所分标准各个类别必须处于同一分类层次。如将体育产业分类，则体育制造业、体育服务业和场地设施建设是同类层次的标准，而体育器材服装营销属于下一个层次分类标准，应归类于体育服务业，不能平行于体育服务业。

三、体育经纪信息整理的要求、程序和方法

（一）体育经纪信息整理的要求

对体育经纪信息进行整理的主要任务就是按照某一标准将调查资料划分为不同的类或组，使调查资料的各种特征体现出来，便于鉴别、判断和分析。因此，在调查资料整理过程中应做到以下几个方面：

1. 真实

整理出的信息资料反映的必须是确实存在的事实，而不是虚假或主观杜撰的材料。如果资料不真实，那么后面的分析研究也会是虚假的，会导致错误的结论。

2. 准确

事实要准确，数据更要准确。如果事实和数据准确无误，那么后面的分析研究结论将是可信的；如果事实和数据来源不可靠，据此做出的研究结论就会存在问题。

3. 完整

信息搜集要尽可能地齐全完整。资料是否完整，在整理时要把住关，倘若不完整，就要补充。只有在保证资料完整的情况下，才能概括出正确的结论。倘若信息资料残缺不全，就只能反映调查对象的部分情况，以此为依据作结论，就难免犯以偏概全的错误。

4. 统一

坚持统一主要对定量调查的资料而言，既要求各个调查指标有统一的解释，又要求调查指标的各项数值及其计算方法、计算单位有统一的规定。如果调查指标的解释和计算公式不统一，那么不仅不能进行数据处理，而且调查资料失去了统计价值，也就无法进行比较研究。

5. 简明

简明是指整理信息资料，要尽可能简单明确，并使它系统化、条理化，以集中的方式反映调查总体的情况。如果经过整理后的信息资料依然分散、杂乱，不能很好地反映事物特征和全貌，其信息资料就不能为下一步研究分析所用。

（二）体育经纪信息整理的程序

搜集的信息资料一般可以分为文字资料和数据资料。这两类资料的整理虽然方法有所不同，但整理的过程大致相同。下面先简单介绍文字资料整理和数据资料整理的一般程序，然后再分别详细介绍文字资料的分类整理和数据资料的分组整理。

1. 文字资料整理的一般程序

第一，对资料的真实性、可靠性进行检查、核对，比如观察记录是否带有主观偏见，被访者是否如实反映情况，文献来源是否可靠等。

第二，从原始材料中摘取与研究目的有关的主要内容，对资料进行简化。

第三，按照主题、特征或时间对信息资料进行分类整理，建立资料档案。其作用一是便于查找；二是便于做进一步的定性分析，如类型比较分析或时间序列分析。还可以将部分文字资料内容转化为数据形式，进行定量化的描述分析。

2. 数据资料整理的一般程序

第一，审查所搜集的数据资料是否符合调查研究目的和需要，是否使用了正确的调查方法与手段。

第二，对原始资料进行认真、细致的检查。一是从逻辑上检查资料的正确性和完整性；二是从内容上检查资料是否有遗漏、笔误或表述错误。若发现问题，应及时采取合理的补救措施。

第三，选择合适的分组标志。对原始资料进行科学分组的原则：一是从研究目的出发；

二是从反映现象本质特征的需要出发；三是根据研究对象的特征而定；四是应尽量满足穷尽性和互斥性的要求。这一步的工作至关重要，分组标志若不合理、不科学，将不能正确地反映被研究现象的本质特征。标志一般可以分为数量标志和属性标志，凡用数量界限将总体各部分区别开来的标志称为数量标志，如按年龄大小分为若干组段；凡按属性类别不同将总体各部分区别开来的称为属性标志，如按照生理性别可分为男性、女性两类。

第四，对各不同分类分组的资料进行统计汇总，以便以集中方式反映调查总体。汇总的方法主要有手工汇总和计算机处理汇总两类。

第五，最后以集中方式反映调查总体的汇总资料，并通过不同的形式显示出来，如图表等。

（三）体育经纪信息整理的方法

1. 文字资料的分类整理

文字资料的分类整理，就是根据文字资料的性质、内容或特征，将相异的资料区别开来，将相同或相近的资料合成一类的过程。经过真实性、可靠性、合格性等方面审核与鉴别后的资料，必须经过进一步的加工整理，使之条理化和系统化。

文字资料的分类具有两重意义：一是对于全部资料而言是"分"，即将相异的资料区别开来；二是对于各份资料而言是"合"，即将相同或相近的资料合成一类。因此、分类就是将资料分门别类，使繁杂的资料条理化、系统化，为找出规律性的联系提供依据。

（1）分类标准的确定。分类是否正确，首先取决于分类的标准是否科学。分类的标准可分为品质标准和数量标准两大类。所谓品质标准，就是反映事物属性差异的标准。例如，人的性别、民族、职业、文化程度，企业的所有制，组织的性质等均属于品质标准。所谓数量标准，就是反映事物的数量差异的标准，如年龄的大小、企业规模大小等，均反映了数量上的差异。

（2）文字资料分类的方法有两种，即前分类和后分类。

前分类是指在设计调查提纲、表格和调查问卷时，先按照事物或现象的类别设计指标，然后再按分类指标搜集资料、整理资料。这种分类工作在调查前就安排好了。例如，标准化访问的记录、问卷中的封闭式回答等，大都采取前分类的方法。

后分类是指在调查资料搜集之后，根据资料的性质、内容或特征，再将它们分别集合成类。例如，文献调查的资料、无结构观察和非标准化访问的记录、问卷调查中的开放型回答等，一般事先都无法做出明确的分类，只能在搜集资料之后再做分类工作。

2. 数据资料的分组整理

根据调查研究任务的要求和现象的内在特点，把数据资料总体按照某一标志划分为若干性质不同又有联系的几部分，称为数据资料分组。数据资料分组可以按调查的任务和作用、分组的多少，以及分组标志的性质等进行分类。

（1）数据分组的种类。数据分组按其任务和作用不同，可分为类型分组、结构分组和分析分组。

类型分组是指根据被研究总体的构成，分析总体各分类指标之间的联系和关系，如我国体育产业 2017 年和 2018 年生产总值按体育服务业、体育制造业和体育场馆设施建设三大行业分组，并进行比较分析，以反映体育产业中各分类行业产值及其占比变化，见表 1-2-1。分类数据清晰地显示，体育服务业已成为体育产业中发展最快的部分。

表 1-2-1　2017 年和 2018 年我国体育产业三类行业增加值比较

类别	2017 年			2018 年		
	增加值/亿	占比/%	占比增加/%	增加值/亿	占比/%	占比增加/%
体育服务业	4 448.6	36.5	57	6 530	47.9	64.8
体育制造业	3 264.6	61.4	41.8	3 399	49.7	33.7
场馆设施建设	97.8	2.1	1.2	150	2.4	1.5
总计	7 811	100	100	10 079	100	100

注：数据来源于中国经济网 http://bgimg.ce.cn/xwzx/gnsz/gdxw/202001/21/t20200121_34167257.shtml。

结构分组是以某类事物的构成要素为指标的分组方法，如对 2018 年我国城乡居民消费支出情况统计结果显示，农村居民的消费支出增长高于城镇居民。对城乡居民消费支出的结构分组后分析，其中生活用品及服务、交通通信、教育文化娱乐支出，农村居民增幅明显高于城镇居民（表 1-2-2）。

表 1-2-2　2018 年我国城乡居民收支情况比较

消费类别	城镇居民		农村居民	
	绝对量/元	比上年名义增长/%	绝对量/元	比上年名义增长/%
食品烟酒	7 239	3.4	3 646	6.7
衣着	1 808	2.9	648	5.9
居住	6 255	12.4	2 661	13.0
生活用品及服务	1 629	6.8	720	13.6
交通通信	3 473	4.6	1 690	12.0
教育文化娱乐	2 974	4.5	1 302	11.1
医疗保健	2 046	15.1	1 240	17.1
其他用品及服务	687	5.5	218	8.7
人均消费支出（合计）	26 111	6.8	12 125	10.7
人均可支配收入	39 251	7.8	14 617	8.8

注：数据来源于国家统计局 http://www.stats.gov.cn/tjsj/zxfb/201901/t20190121_1645791.html。

分析分组可依据调查者研究目的而设定。如将经济发展程度较高的四个城市：北京、上海、广州、深圳作为研究对象，对四个城市近三年体育产业总值增长率进行比较。这种分组中的样本选择要注意研究对象之间的可比性。

数据分组还可按分组标志的多少分为简单分组和复合分组。分组时只按一个标志进行的分组为简单分组；采用两个或两个以上的标志进行分组的为复合分组（图1-2-1）。

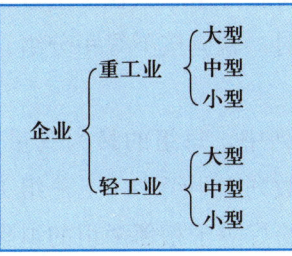

图 1-2-1 简单分组和复合分组

（2）数据分组标志的选择。数据分组是把总体按某一标志来分门别类，因此，数据分组的关键在于分组标志的选择。选择什么样的标志就有什么样的分组和分组体系，分组标志选择的正确与否关系到能否正确地反映总体的属性特征，实现数据资料符合调查目的和要求。分组标志一经选定，必然突出总体在此标志下的性质差异。因此，分组标志的选择必须根据数据资料研究的目的，在对现象进行分析的基础上，抓住具有本质性的区别，以及反映现象内在联系的标志作为分组标志。

根据分组标志的特征不同，一些数据资料既可以按品质标志分组，也可按数量标志分组，分组标志可根据研究需要而定（表1-2-3）。按品质标志分组即选择反映事物属性差异的标志作为分组标志进行分组，当分组标志一经确定，组名称和组数就确定，组与组之间的界限区分不会存在困难。按数量标志分组，即选择反映事物数量差异的标志作为分组标志分组，确定各组在数量上的差别，并通过数量上的变化来区分各组的不同类型和性质。

表 1-2-3 数据资料分组的两种标志选择

学历组别	← 品质标志	数量标志 →	年龄组别 / 岁
大学生			19—22
高中生	← 单项式	组距式 →	16—18
初中生			13—15
小学生			7—12

数据标志分组有单项式分组和组距式分组两种。前者指所描述对象的数量特征可以按一定次序——列举它的数值；后者指所描述的数量特征在一个区间里可以有无限个数值，无法——列举（表1-2-3）。根据这两种变量的不同特征，在分组时，离散型变量如果变动幅度小，分组可以是单项式的，否则分组应该用组距式分组。而连续型标志量无法逐一

列举其数值，其分组只能是组距式分组。

按照组距式分组时，应恰当地划分总体变量的组数。组距的大小关系到组数的多少，组距和组数成反比例关系。组距过小，组数多，容易把同类现象划分到不同的组中去；组距过大，组数少，可能会使不同类的现象划分到同一组中去。这两种情况往往掩盖总体分布的规律性，都应避免。组距式分组通常有等距分组和不等距分组两种，等距分组即标志变量在各组保持相等组距。在分组数据分布比较均匀的情况下适合用等距分组；数据变量差别急剧升降时，就应按不等距分组，不等距分组应更多地根据事物性质变化的数量界限来确定组距。

在组距数列中，每组的最大变量值（终点值）为上限，最小变量值（起始值）为下限。连续变量数列中小组中（上一组）的上限也是大组中（下一组）的下限。在分组时如果遇到变量值恰好等于相邻两组的组限时，一般把此值归入大组中。上限与下限的中点数值为组中值。它是各组上下限数值的简单平均数，即组中值=（上限+下限）/2。组中值代表多组标志值的平均水平。

现在举例说明变量数列编制的过程。例如，对某校初中随机抽取 50 位学生进行肺活量调查检测，并将数据按由小到大的顺序排列如下（单位 mL）：

2 000　2 120　2 170　2 220　2 260　2 290　2 350　2 370　2 400　2 460　2 530
2 570　2 590　2 600　2 620　2 640　2 710　2 730　2 750　2 760　2 810　2 810
2 830　2 840　2 860　2 880　2 910　2 940　2 960　2 980　3 010　3 030　3 030
3 040　3 090　3 110　3 190　3 220　3 240　3 270　3 290　3 320　3 370　3 430
3 520　3 550　3 600　3 670　3 820　3 980

计算全距：3 980 mL − 2 000 mL = 1 980 mL

计算组中值：(2 000 + 3 980)/2 = 2 990 mL

50 位学生测量数值序列化后呈一定规律性，参照分组方法，假定把变动全距分为 8 个相等的组距，则组距为 1 980/8 = 247.5 mL，取整为 250 mL。

由于最低值为 2 000 mL，第一组下限应为 2 000 mL，上限为 2 249 mL，下一组为 2 250 mL~2 499 mL……。分组情况见表 1-2-4。

如果把变动全距分为 4 个相等的组距，则组距为 1 980/4 = 495 mL，取整为 500 mL，于是第一组为 2 000 mL~2 499 mL，下一组为 2 500 mL~2 999 mL……。组距变大，组数相应减少。

在变量数列中，标志值构成的数列表示标志值变动幅度，而频数构成的数列表示相应标志值的作用程度。频数越大，该组的标志值对于全体标志水平所起的作用也就越大。因此在整理分析的时候，不但要注意各组标志值的变动范围，而且也要注意各组标志值的作用大小，即频数的大小。将各组单位数和总体单位数相比求得的频率表明各组标志值对总体的相对作用程度，也可以表明各组标志值出现的频率大小。在研究频数和频率分布的时候，常常还需要编制累计频数数列和累计频率数列。其方法是首先列出各组的组限，然后依次累计到本组为止的各组频数,求得累计频数(表 1-2-4)。

表 1-2-4　某校初中学生肺活量测量情况　　n = 50

肺活量区间 /mL	频数 / 人	累计频数 / 人	频率 /%	累计频率 /%
2 000~2 249	4	4	8	8
2 250~2 499	6	10	12	20
2 500~2 749	8	18	16	36
2 750~2 999	12	30	24	60
3 000~3 249	9	39	18	78
3 250~3 499	5	44	10	88
3 500~3 749	4	48	8	96
3 750~3 999	2	50	4	100
合计	50		100	

第三节　信 息 分 析

经纪信息分析就是根据一定的调研目的,应用科学的方法对搜集到的信息资料进行研究,找出所调查事物或现象的本质及规律性的过程。体育经纪信息分析是市场调查的关键环节,缺少了分析阶段,调查资料也就失去了使用价值。因此,必须对这一环节给予高度重视,从而使市场调查工作更能发挥其作用,更有力地辅助体育经纪活动的运行。

一、体育经纪信息的描述性统计

描述性统计是指对被调查总体所有变量数据进行分类处理,用图表和概括性数据来描述数据特征的方法。当面对一大堆数据资料时,描述性统计处理可以使丰富的数据和内容以直观、形象和生动的形式表现出来。

下面介绍一些常用的描述性统计方法,并用图表和数字来概括数据的某些特征。

(一)定性数据的描述统计

定性数据(也称品质数据),通常反映的是事物的品质特征,不能直接用数值表示,其结果通常体现为类别,这类数据是由定类尺度和定序尺度计量形成的。

1. 定类数据的整理与图示

用来测量被测对象类别归属的测度称为定类尺度,按定类尺度进行测量所得的变量称为定类变量，定类变量的观测值即为定类数据。例如，对老年人参加的体育活动项目进行测量所得到的结果——健美操、跑步、太极拳等即是一组定类数据。

定类数据整理的基本过程是：列出各类别，计算各类别的频数，制作频数分布表，用图形显示数据。例如，为研究影响中学生体育兴趣的外部因素，在某地区随机抽取1 000名中学生进行问卷调查，其调查结果整理后用表格显示（表1-3-1）。

表1-3-1 影响某地区中学生体育兴趣形成因素调查　　　　n＝1 000

影响因素	频数/次	占比/%
学校体育	124	12.4
家庭	189	18.9
同学影响	308	30.8
媒体宣传	128	12.8
体育明星	235	23.5
其他	16	1.6
合计	1 000	100

定类数据除用表格表示外，还可以用柱形图（或条形图）、圆形图（饼图）表示。可用宽度相同的条形高度（柱状图）来表示数据变动。在表示定类数据的分布时，可用条形图的高度来表示各类别数据的频数或频率。圆形图也称饼图，是用圆形及圆内扇形的面积来表示数值大小的图形，主要用于表示总体中各组成部分所占的比例。在绘制圆形图时，总体中各部分数值所占的百分比用圆内的各个扇形面积表示，这些扇形的中心角度，是在360°圆形图中各分类指标按相应百分比比例确定的。Excel在处理数据时提供各种类型的图，可根据需要直接绘制。在使用圆形图表示时，分类数量不宜过多，否则会导致直观性下降。

如表1-3-1数据可用柱状图显示（图1-3-1），还可用饼图表示（图1-3-2）。

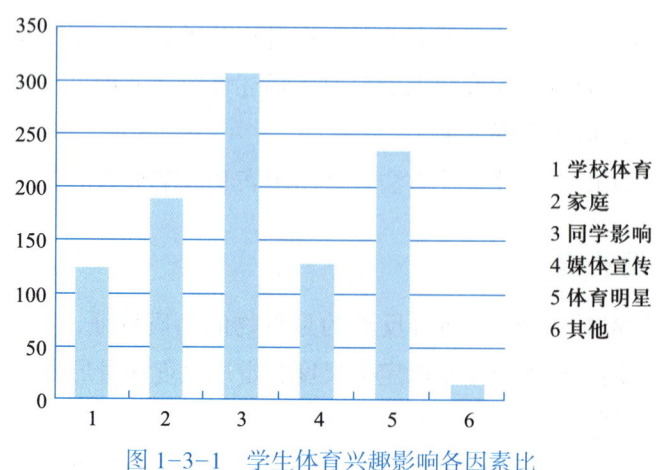

图1-3-1　学生体育兴趣影响各因素比

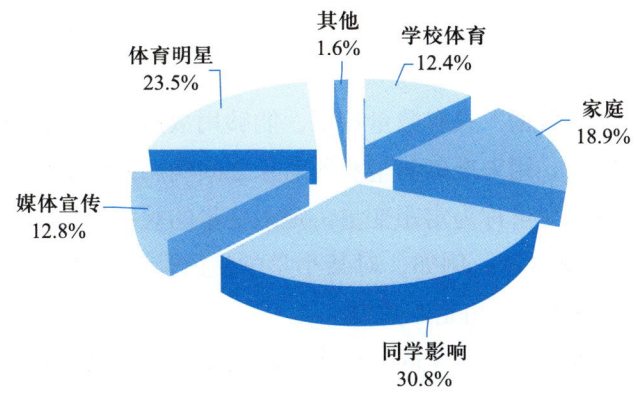

图 1-3-2 学生体育兴趣影响因素

2. 定序数据的整理与图示

定序尺度用来测量被测对象具体属性，如高低、大小、先后、优劣等次序性的测度。按定序尺度进行测量所得的变量称为定序变量，定序变量的观测值即为定序数据。定序变量表现为有序的类别。例如，某体育公司对 50 名青年员工职业发展的满意度进行调查，测量结果即为一组定序数据，见表 1-3-2 和图 1-3-3。

从定类数据整理和显示的内容都适用于定序数据。因此，本示例也可以用柱状图和圆形图表示。

表 1-3-2 青年员工职业发展满意度情况　　　　　　　　　　　　　　　　n = 50

类别	频数	频率 /%
非常满意	13	26
满意	16	32
一般	11	22
不满意	7	14
非常不满意	3	6
合计	50	100

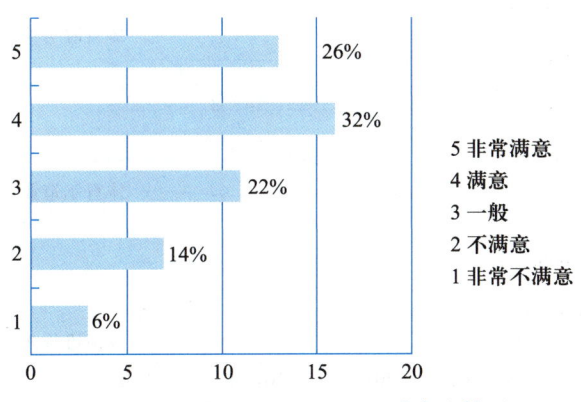

图 1-3-3 青年员工职业发展满意度情况

（二）定量数据的描述统计

定量数据（也称数值数据）具有数量特征，能够用数值来表现，这类数据是由定距尺度和定比尺度计量形成的。用来准确测量被测对象之间确切差距的测度称为定距尺度，按定距尺度进行测量所得的变量称为定距变量，定距变量的观测值即为定距数据。定距变量表现为数值，可进行加减运算。例如，对某小学学生的体育知识进行测验，测验结果为70分、89分、96分……即为一组定距数据。

定比尺度与定距尺度原则上属于同一层次，定比测量尺度具有定距测量尺度的所有功能，它们唯一区别在于定比尺度具有绝对零点。按定比尺度进行测量所得的变量称为定比变量，定比变量的观测值即为定比数据。定比变量也表现为数值，可进行加、减、乘、除运算。例如，对体育学院某年级男生的跳远成绩进行测量，其结果为5.63米、4.89米、5.26米、5.12米……即为一组定比数据。

定量数据的图示常用的有折线图、条形图、雷达图、直方图等。折线图一般用于表达数据的连续变化或趋势，有单线图、多线图等几种。

相同的定量数据可以用多种图表显示形式，例如，对我国体育产业所属三大产业增加值的数据搜集，比较2015年至2018年三类产业增加值变化情况，发现体育服务业增加值提高最快，见表1-3-3、图1-3-4和图1-3-5。这三种显示方式各有优点，表1-3-3可以显示数据的具体数值，而图1-3-4则对三类产业发展趋势一目了然，图1-3-5则是每年三类产业增加值比较情况。因此，使用何种形式图表是根据需要来选择的，没有好坏之分。

表1-3-3　2015年至2018年我国体育产业所属三类产业增加值变化

产业类别	2015年/亿	2016年/亿	2017年/亿	2018年/亿
体育服务业	2 703.7	3 560.0	4 448.6	6 530
体育制造业	2 755.5	2 863.9	3 264.6	3 399.0
场馆设施建设	35.3	50.3	97.8	150.0
合计	5 494.5	6 474.2	7 811.0	10 079

图1-3-4　2015年至2018年我国体育产业所属三类产业增加值变化

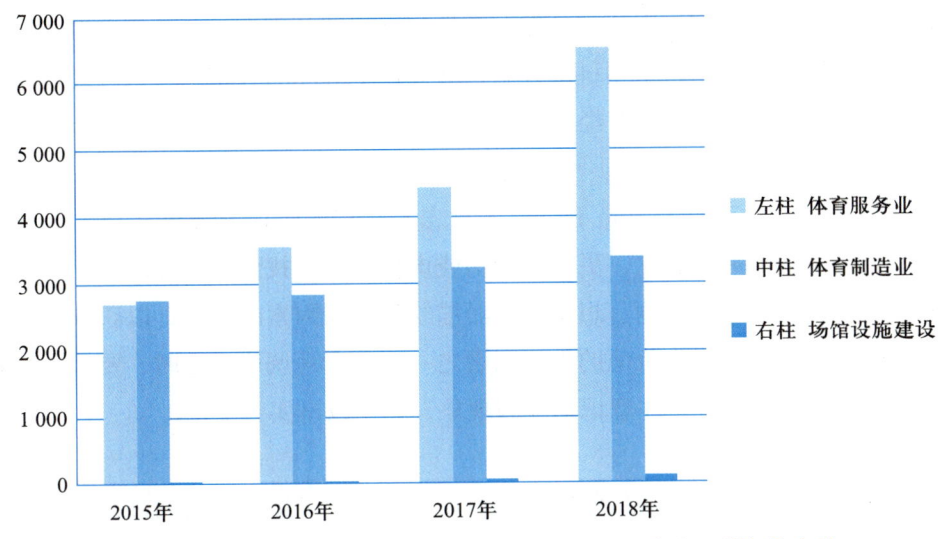

图 1-3-5　2015 年至 2018 年我国体育产业所属三类产业增加值变化

图示的目的就是使数据特征让人一目了然。雷达图可以用于定量数据，也可以用于定类数据，项目或指标通常为 4~8 个较为适宜，指标过多图像会产生繁杂的视觉效果。例如，某汽车销售商在汽车展览会上随机抽取了 100 位客户进行调查，选项有价格、功能、售后服务、外形、颜色，每人至多选 2 项，结果如下：选择价格因素为 73 人次，功能因素为 42 人次，售后服务因素为 44 人次，外形因素为 21 人次，颜色因素为 14 人次，雷达图显示见图 1-3-6。

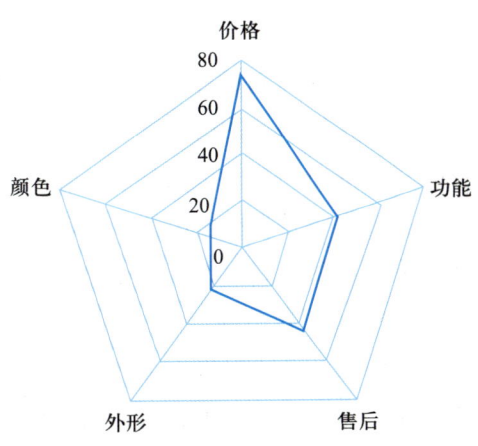

图 1-3-6　客户购车关注因素调查结果

二、体育经纪信息分析报告

（一）体育经纪信息分析报告的含义与特点

体育经纪信息分析报告是指在经纪业务活动中，采用科学的方法对既定对象进行调查研究，并对调查结果进行综合分析和归纳，最终以文字、图表等形式展现的文本。在市场调研活动中，通过调研策划、搜集市场信息，并对资料进行整理分析，做出符合实际的结论和判断，最终都必须形成某种形式的报告，提交给市场调研活动的组织者或委托者。

体育经纪信息分析报告的特点主要包括以下几个方面：

1. 内容真实

内容真实是调研报告生命力之所在，也是调研报告的本质特征。一篇好的调研报告引用的事例和数据，都是经过实地调查、反复核实的，包括背景的交代、事件经过的叙述、人物的介绍等,都必须真实、准确、可靠。在事实真实的基础上,要求尊重客观实际,反映客观实际,遵循科学原则,采用科学方法,准确地把握原因和结果。只有经过系统的观察才能获得客观的事实资料,只有经过正确的逻辑推理才能取得正确的调查结论。

2. 信息来源客观

任何现象都是客观存在的,是不以个人意志为转移的。这就要求调查者深入实地调查,不带个人的主观偏见和成见,更不可歪曲或虚构事实,找到来源客观的信息,消除那些任意取舍、引申、或带有臆测、想象、华丽描绘的主观因素的干扰,以获取可信的第一手资料,这也是确保调研报告价值的重要因素之一。在撰写调研报告时,要求调查者将主观因素融会在客观事实之中,注意识别虚假现象,始终以事实为依据。

3. 观点鲜明新颖

首先,观点新颖是由调查的目的决定的。在进行体育经纪实践活动过程中,新生事物不断涌现,在新的形势下,新情况、新问题层出不穷。面临新的环境,在撰写调研报告时,必须注意引用新颖而真实客观的事实材料,提出一些科学且新颖鲜明的观点,从而得出新的结论。

其次,观点新颖也是由调查的内容决定的。调查作为一种特定范围和特定用途的活动,具有比较确定的内容,也有比较具体的功能作用,换言之,其针对性非常强。如果引用的都是众所周知的事实材料,提出的是落后陈腐的观点,得出人人皆知的结论,这样的调研报告肯定是没有价值的,也毫无意义。因此,要求调查者在撰写调研报告时,能够提出鲜明新颖的观点,更好地指导体育经纪活动。

4. 提出问题明确

一份好的调研报告无论从选择调查课题、建立研究假设、确立分析单位,还是选取调查样本,以及具体搜集资料、加工整理资料和分析研究资料等,往往都是围绕一个明确的问题展开的。提出的问题越明确,针对性就越强,参考价值也就越大;反之问题含糊不清,线索杂乱无章,无中心或多中心,内容分散,平淡粗糙的资料是绝不能由此而引出好的社会效益和经济效益的。

5. 表达方式直观

调研报告在表达方式上,以叙述说明为主,议论为辅,叙述说明与议论有机结合,说服力强。其中,叙述要求精当贴切,正确深刻,有理有据;说明要求客观真实,清晰明了通俗易懂。由于调研报告坚持的是让事实说话,在写法上它不像议论文那样要求多方论证,进行复杂的逻辑推理,而是如实地报告了解到的实际情况,辅以图表、统计分析等实地数据,准确地表明研究情况后得出结论,因而其事理性强,表达方式甚为直观。

6. 适用广泛及时

调研报告的范围涉及体育经纪活动领域的方方面面,从而决定了调研报告的价值。调研报告要回答的问题一般都是需要及时解决的现实问题,所以,其工作必须注重时间效益,即用最短的时间、最快的速度,及时搜集各种信息,准确分析,把握最佳时效。时效，指在一定的时间限度内能起的作用，它是决定调研报告是否具有价值的首要因素。信息具有时效性，而调研报告要回答的都是需要及时解决的现实问题，更应讲求时效。如果调研报告延误了时间，错过了时机，就会大大贬值。

（二）体育经纪信息分析报告的作用

1. 把握市场信息和动态

体育市场信息浩渺，从几篇文章和几个事件中反映的事实往往是局部的、零散的。通过专门的调查获得的大量信息，经过调研者梳理和分析，可以对市场整体动态变化和特征有更深刻的认识，信息分析报告就是对调查所获得的信息做归纳性总结，并以文本的形式展示其成果。

2. 将市场重要信息及时传递给决策者

将市场重要信息及时传递给决策者是信息分析报告最主要的功能。决策者通常把握体育经纪市场的整体大方向，而特定目的的市场调查所采集的信息资料经过整理分析，可以反映出市场某些方面蕴涵的特征、变化规律和发展趋势，因而，信息分析报告能及时提供给决策者所需要的调查结果和重要建议，为公司制定重大决策和活动方案提供有价值的参考，降低误判风险。

3. 衡量市场调研活动质量高低的重要标志

尽管市场调研活动的质量体现在调研活动方案细致性，方法手段合理性，技术路线正确性，以及资料是否处理得当等方面，但调研的成果最终通过调研报告撰写展示出来。一份高质量的调研报告应能提供独特观点和有价值的建议，并能在实践中得到检验。

4. 作为信息档案资料被反复利用

当一项体育经纪调研活动完成之后，作为市场资料档案，可能多次被借鉴利用，从而实现其使用价值的延伸。

（三）体育经纪信息分析报告的内容

体育经纪信息分析报告是在分析调查资料的基础上撰写的调查成果的文本，它是对调查活动成果进行总结的最主要的形式。其撰写的好坏将直接影响到整个调研工作的成果质量和作用，这就要求撰写者熟悉并掌握调研报告的内容与结构，才能写成有社会效益和经济价值的调研报告，才能为决策者提供依据和参考。体育经纪信息分析报告的主要内容包括：

1. 调查目的及所要解决的问题

启动一个体育经纪信息调查项目，总是为了达到一定的目的而进行的。有时候是发现体育经纪项目本身存在一定的问题，但又不清楚具体的问题在哪里，想要找到这个问题的根结，于是组织专门性调查；有时候是为了了解体育经纪市场现状与业务机会，便组织人员对整个市场环境做一个全面系统的调查；有时候为某一个体育经纪项目方案策划和运营,对实施方案可能遇到的风险和不足进行专题调查等,为方案顺利实施提供保障。

2. 实施调研项目的背景资料

任何调查都是在特定的体育经纪市场背景下发生的,这些特定环境决定了调查方法选用、调查人员培训、调查路径选择等的重要性。正如学术论文中的文献综述,通过对该调查项目以往他人调研情况资料搜集和分析,找出问题,并说明本调查工作的重要性。因此,需要在调查报告中对调研背景做铺垫性介绍。

3. 搜集资料的方法和实施计划

对体育经纪信息搜集的方法、调查样本的选取,资料和数据的采集、整理等做出较详细的介绍说明,以体现整个调查过程的科学性和合理性,资料数据必须真实、可靠,这部分是调查报告的重点阐述内容,并与结论的可信程度有关,必须引起重视。

4. 数据处理与分析

对资料数据系统化、条理化处理后,还需要对一些数据进行进一步处理,经过多次梳理和统计,将这部分数据归纳成调查结果,然后进行系统分析。例如,分析数据内部的结构,寻找数据间的关系,通过数据的内在关系分析其不同点和特征等。

5. 依据事实提出论点

通过对调查数据系统分析后,对所反映的事实特征、现象、关系等要客观对待,并以此为依据做出自己的结论。如发现某些事实特征或现象与他人研究,或与其他地区同类调研结果有差异,在确认数据无误后可大胆提出自己的观点。

6. 论证所提观点的理由

数据研究所提出的观点是否客观,是否真实反映出问题的本质,需要对这些观点进行阐述和讨论。同时,还要根据所查阅的文献资料对观点的正确性进行多方面、多角度论证。

7. 提出可供选择的建议和对策措施

在分析报告的最后部分要根据客观事实和结论,针对存在的问题提出有针对性的对策措施和建议,为相关决策者或部门提供有价值的参考。

8. 参考文献

在一些正式的市场调研报告(调研论文)中都需要列入相关参考文献,其作用首先是提供该体育经纪信息调查项目启动的背景资料,其次,为分析问题,提出观点或论点提供依据,为提出对策措施提供参考,也体现了调查者对市场信息的把握程度。

9. 附件

主要包含市场调研相关的政策文件、访谈提纲、问卷表、访谈对象信息等,还可以包括在调研报告中没有写入的,在资料和数据整理、统计过程中有重要参考价值的中间数据和资料。

（四）体育经纪信息分析报告撰写步骤

调研报告撰写是指把调研工作所获得的成果以文字的形式表述出来。无论是哪一种调研报告，撰写的程序一般都是确定标题、取舍资料、拟订提纲、撰写报告和修改报告等五个步骤。

1. 确定调研报告的标题

调研报告的标题由调研项目主题所决定。一般情况下，项目主题可以被用作标题，但两者有区别，调研主题是一个范围，在主题下可能有若干个调研报告的标题。例如，调查主题是"某市体育场馆运营现状调查"，而调查报告可能有"某市体育场馆管理体制的调查与分析""某市体育场馆收费方式调查与分析""某市体育场馆运营模式的调查与分析"等。

确定标题前需要对调研项目整体进行分析，确定撰写一个报告还是几个。如果只写一个，那么调研项目主题可作为标题，即在正文中将内容分成几个板块阐述；如果被要求细分专题的调研报告，则可根据调研情况设置各分类报告的标题。

2. 取舍资料和数据

在撰写调研报告时，准备好所需文献资料和已统计处理的数据。这些资料和数据应是客观的、真实的和完整的，而且还必须是能全面反映事物的本质的典型材料。通常还应有相关的，甚至是结论相反的资料，用于说明和支持作者的观点。

（1）应注意依据主题的需要、观点的要求筛选所搜集的资料数据，使主题更加突出，避免使用与主题无关的或关系不大的资料，否则会冲淡主题，影响调研报告的效果。

（2）在报告撰写之前可进行一次资料数据取舍，但在阐述调研背景、分析数据和提出观点结论过程中需要资料数据佐证时，可能会出现多次取舍和补充的现象。

（3）定性资料和定量资料的取舍要合理搭配，使用资料和数据是为分析现象，说明观点，提出结论。因此，报告中过多定性资料堆积，或满篇都是数据都会影响调研报告的质量。

3. 拟订提纲

提纲是调研报告的骨架，可以厘清思路，表明调研报告各部分之间的联系。调研报告写作提纲可分为条目提纲和观点提纲两类。条目提纲就是从阐述的顺序进行编排或层次上列出报告的章节，这种方法较为常用，而观点提纲是列出各章节要表述的观点。

一般先拟订粗提纲，把调研报告分成几大部分。然后在各部分中再充实，按次序或按轻重，横向或纵向罗列编织而成较细的提纲。提纲的粗细也反映了作者对写作内容了解的深浅程度。提纲越细，说明作者对材料、内容掌握得越深入、越具体，反映作者的思路越清晰，在撰写报告时也越顺手。拟订报告的写作提纲还可使作者进一步深思熟虑、精益求精，也便于作者对报告进行"结构"的调整，写作提纲的作用是不可低估的。对于在写作上有经验的人，会在撰写报告之前先拟订写作提纲，特别是较细的提纲。

4. 撰写报告

在拟定好提纲后，将处理好的材料和数据按提纲的条目分门别类准备好，然后可以按顺序开始撰写，也可以按板块写。在对调查结果分析过程中，应以客观事实为依据，突出资料数据的特点、现象或特征，不要使用主观臆测或含糊不清的语词表达。结论性观点要简洁明了。同时，还要对照项目的调研目的，看看所写报告的针对性和完整性如何，如果有偏离或不完整需要补充条目或内容，甚至要对调查资料进行检查和再整理，直至达到要求。撰写完成后应仔细阅读几遍，并对分析阐述和语词修辞作修改，直至满意为止。

5. 修改报告并定稿

报告完成后应提供给调查小组成员、公司其他部门管理者阅读并征求意见，进行必要的修改和补充，直至最后定稿。将调查报告递交给管理决策部门，整个调查工作才算正式完成。

附件：一份调研报告的完整结构

1. 前文

（1）标题页和标题扉页。标题页包括的内容有报告的标题或主题、副标题——该份调研报告提供的具体材料报告的提交对象、报告的撰写者和发布（提供）的日期。特别正规的调研报告在标题页之前，还安排标题扉页，此页只写调研报告标题。

（2）授权信。授权信是由调研项目执行部门的上司给该执行部门的信，表示批准这一项目，授权给某人对项目负责，并指明可用于项目开展的资源情况。在许多情况下，授权信会提及授权问题，这样也可以不将授权信包括在调研报告中。但是当调研报告的提供对象对授权情况不了解，或者他们需要了解有关授权的详情时，由授权信提供这方面的信息则是必要的。

（3）提交信。提交信是以调研报告撰写者个人名义向报告提交对象个人写的一封信，表示前者将报告提交给后者的意思。在此信中，可以概括一下市场调研者承担并实施项目的大致过程，也可以强调一下报告提交对象需要注意的问题，以及需要进一步调查研究的问题，但不必叙述调研的具体内容。其所用口气是个人对个人，因而可以不太受机构对机构的形式拘束，便于沟通。在较为正规的调研报告中，都应该安排提交信。当调研报告的正规性要求较低时，提交信可以省略。

（4）前言。前言是对该调研项目的简要介绍。这部分的内容包括：报告的可靠依据、目的和范围、资料搜集的基本方法和要求，以及对有关方面的致谢，等等。

（5）目录。一般的调研报告都应该编写目录，以便读者查阅特定内容。目录包含报告所分章节及其相应的起始页码。通常只编写两个层次的目录。较短的报告也可以只编写第一层次的目录。需要注意的是，报告中的表格和统计图都要在目录中列明。

（6）图表目录。如果报告含有图表，那么需要在目录中包含一个图表目录，目的是帮助读者快速找到对一些信息的形象解释。

（7）摘要。摘要一定要写明为何开展此项调研，考虑到该问题的哪些方面，有何结果，建议怎么做。摘要是调研报告的重要部分，必须写好。许多高层管理人员通常只阅读报告的摘要，可见摘要很可能是调研者影响决策者的唯一机会。摘要应该放在前文的最后部分。长度以不超过两页为好，因此作者要仔细斟酌哪些东西是足够重要的，需要在摘要中写明。摘要不是报告正文各章节的等比例浓缩，要写得自成一篇短文，既要概括调研成果的主要内容，也要简明扼要、重点突出。

摘要通常包含四方面内容。首先，要申明报告的目的，包括重要的背景情况和项目的具体目的。接着，要给出最主要的结果，有关每项具体目的的关键结果都须写明。再往下是结论，这指的是在发现结果基础上的观点和对于结果含义的解释。最后是建议，或者提议采取的行动，这是以结论为基础而提出的。在许多情况下，管理人员不希望在报告中提出建议。因此，是否在摘要中提出建议需要依报告的特定情况而定。

2. 正文

（1）引言。引言对为何开展此项调研和它旨在发现什么作出解释。引言中包括基本的授权内容和相关的背景资料。

（2）调研方法。如何阐明所用的调研方法是一件不太轻松的事，因为对技术问题的解释必须能为读者所理解。在这里对所使用的一些材料不必详细列出，详细的材料可以放到目录中。

调研方法部分要阐明以下五个方面：

① 调研设计：说明所开展的项目是属于探索性调研还是因果性调研，以及为什么适用于这一特定类型的调研。

② 资料采集方法：所采集的是初级资料，或是次级资料；结果的取得是通过调查观察，还是实验。调研中所用调查问卷或观察记录表应编入附录。

③ 抽样方法：目标总体是什么？抽样框架如何确定？是什么样的样本单位以及它们如何被选取出来的？对以上问题的回答依据及相应的运算须在附录中列明。

④ 实地工作：启用了多少名、什么样的实地工作人员？对他们如何培养，如何监督管理，实地工作如何检查？这一部分对于最终结果的准确性十分重要。

⑤ 分析：说明所使用的定量分析方法和理论分析方法。

（3）结果。结果在正文中占较大篇幅。这部分应按某种逻辑顺序提出紧扣调研目的的一系列项目发现。发现结果可以以叙述形式表述，以使得项目更为可信，但不可过分吹嘘。在讨论中可以配合一些总结性的图和表，这样可以更加形象化，然而详细和深入分析的图表宜放到附录中。

（4）局限性。完美无缺的调研是难以做到的，所以，必须指出调研报告的局限性。

（5）结论和建议。结论是基于调研结果的意见，而建议是提议应采取的相应行动。因此建议的阐述应该较为详细，而且要辅以必要的论证。

3. 结尾

结尾即调研报告的附录，附录通常包括的内容有：调查提纲、调查问卷和观察记录表、被访问人（机构单位）名单、较为复杂的抽样调查技术的说明、一些次关键数据的计算（关键数据的计算，如果所占篇幅不大，应该编入正文）、较为复杂的统计表和参考文献等。

以上提出了一份极为正规的调研报告所应包含的所有组成部分。这种极为正规的格式用于企业内部大型调研项目或调研公司向客户提供的服务项目。对于那些不很正规的报告，某些组成部分可以略去不写。可视项目的重要程度和委托方的实际需要，来设计、选择一个从最正规的格式到只有一份报告摘要格式的逐渐简化的系列。

重要概念

体育经纪信息：指可传播的能够满足体育经纪活动需要的消息，包括文字、数据、图像、声音等。

体育经纪信息搜集：指使用一定方式方法获取体育经纪业务所需信息的过程。

文献资料筛选法：指从文献资料中筛选出与体育经纪活动有关的信息和资料的一种方法。

网络信息检索法：指利用互联网、终端设备（计算机、手机、平板电脑等）配以相关搜索软件，检索和存储经纪业务信息的方法。

访谈调查法：指调研者根据调查目的和问题，直接与被访问者交谈，以获得信息资料的方法。

问卷调查法：指调研者根据调查目的，以书面形式提出若干问题，对被调查者进行控制式的测量，以获得信息资料的方法。

邮寄问卷调查：指将设计好的纸质调查问卷表通过邮寄，被调查者填写后在规定日期内寄回的方法。

电子邮件调查：指将问卷调查表以电子信件的形式，通过互联网，发送到被调查者的电子信箱内，经接收、填写、回传等过程，完成调查工作的方法。

网上问卷调查：指利用互联网的传输和交互功能，调查者在网上发布问卷，通过访问者填写与回传，搜集被调查对象信息的方式。

问卷信度、效度检测：指问卷设计完成后通过一定的方法手段，检测问卷的可靠性和稳定性，以及是否符合调查目标和要求的过程。

体育经纪信息整理：指根据调查研究的目的，运用科学的方法，对调查所获得的资料进行检查、核实、分类、汇总及编辑的过程。

体育经纪信息分类：指根据事物内在的特点和调查研究任务的要求，按一定标准将研究现象的总体划分为若干组成部分的过程。

文字资料的分类整理：指根据文字资料的性质、内容或特征，将相异的资料区别开来，将相同或相近的资料合成一类的过程。

数据资料的分组整理：指根据调查研究任务的要求和现象的内在特点，把数据资料总体按照某一标志划分为若干性质不同又有联系的几部分的过程。

经纪信息分析：指根据一定的调研目的，应用科学的方法对搜集到的信息资料进行研究，找出所调查事物或现象的本质及规律性的过程。

描述性统计：指对被调查总体所有变量数据进行分类处理，用图表和概括性数据来描述数据特征的方法。

体育经纪信息分析报告：指在经纪业务活动中，采用科学的方法对既定对象进行调查研究，并对调查结果进行综合分析和归纳，最终以文字、图表等形式展现的文本。

复习题

1. 阐述在搜集体育经纪信息资料过程中，如何才能提高搜集的效率？
2. 网上问卷调查有哪些途径？如何选择？
3. 国内某大型家用电器集团计划未来 5 年对体育球队进行冠名赞助，某体育经纪公司获悉此信息后，为获得该经纪业务权利，需要进行市场调查，请制订一份详细的调研计划。
4. 在信息资料分组整理中，如何区分文字资料分类的品质标准和数量标准，它与数据资料分组的品质标志和数量标志有何不同？
5. 阐述非文献信息资料的分类整理方法和步骤。
6. 依据本章所学知识，尝试对本培训点学员情况进行调查设计，并完成一份调研分析报告。

第二章

体育经纪业务权利获取

▼ **本章提示**

　　体育经纪业务接洽是体育经纪人与目标委托人和第三方进行联系和洽谈的过程。体育经纪人在接受委托前必须对经纪行为的客体进行全方位的信息收集和客观分析，从而找到条件均衡的买卖双方，为后面经纪活动的顺利进行奠定基础。本章介绍了体育经纪人与目标委托人和第三方联络的方法，体育经纪业务谈判的原则、要素、程序，以及合作意向书的内容、形式、签订方法等。

▼ **能力要点**

- 能够寻找目标委托人和第三方
- 能够与目标委托人和第三方进行联络
- 能够通过常规谈判方式与目标委托人和第三方进行商谈
- 能够起草合作意向书

▼ **知识要点**

- 目标顾客的范围
- 联络的方式与方法
- 谈判原则
- 谈判要素
- 谈判程序
- 合作意向书的内容与形式
- 合作意向书的签订方法

第一节 业 务 接 洽

体育经纪业务接洽是体育经纪人、目标委托人与第三方进行联系和洽谈的过程。2018年全球前50强体育经纪人的合同总额超334亿美元，佣金额16亿美元。他们再次证明，正如运动员在竞技场上所展现的非凡技巧一样，聪明的大脑和精明的谈判技巧也可以带来丰厚的财富。业务接洽的成功与否，直接关系到接下来体育经纪活动能否顺利地开展和完成。

一、体育经纪业务接洽的含义与意义

（一）体育经纪业务接洽的含义

"业务"是各行业中需要处理的事务，但通常偏向指销售的事务。"业务"最终的目的是"售出产品，换取利润"。《辞海》中对于接洽的定义为商量，交换意见。接洽在《现代汉语词典》中的解释是跟人联系，洽谈有关事项。业务接洽是指为了把商品或者服务推销给客户而进行的联系和洽谈活动。业务接洽是整个经纪活动的前提和基础之一，是引导委托方和第三方完成经纪活动的保障。接洽的成功与否直接关系到接下来经纪业务的开展情况，同时它也是经纪人能否获取佣金的关键。因此，业务接洽在整个经纪活动中具有至关重要的地位和作用。

体育经纪业务接洽是指在体育经纪活动中，体育经纪人、委托方与第三方进行联系和接触的过程。经纪人、目标委托人和第三方是整个经纪活动过程中必不可少的参与者，三者缺一不可。没有经纪人的中介就没有经纪活动；没有委托人或第三方的参与，经纪活动就无法完成。经纪人要利用其特殊的地位和身份，汇集、聚合买卖双方（委托人和第三方）的信息。据此，经纪人既可按照委托方的意愿选择第三方，也可以根据第三方的情况选择委托方，从而选择、联络较为适合的买卖交易双方。在引导委托方和第三方顺利成交的过程中，体育经纪人要充分发挥其应有的应变能力和协调能力，以促成交易的实现，从而达到获取佣金、开发市场价值的目的。

（二）体育经纪业务接洽的意义

经纪人的中介服务对象是买卖双方，即委托人与第三方。其中体育经纪人是经纪行为的主体，是为供需双方提供中间服务（提供信息、报告订约机会，或充当订约媒介），促成交易的具有独立地位的自然人、法人和其他经纪组织。经纪行为客体是买、卖交易双方（委托人和第三方）。在此过程中，必须具备两个行为——经纪行为与买卖行为和三个关系——委托关系、协作关系和买卖关系，缺少任何一个行为或关系都不能称为经纪活动。只有经纪行为，而无买卖行为，经纪行为没有结果，这是无效经纪。只有买卖行为，而无

经纪行为、无委托关系，仅是一般的买卖过程，也不能称为经纪活动。所以，体育经纪人具有双重角色，一方面要担任委托方的委托人和第三方的联系人，另一方面还要成为促成委托人和第三方成交的协调人。

目标委托人和第三方作为经纪行为的客体，作为体育经纪活动中的必要参与者，对于整个经纪行为具有重要影响。在业务接洽的过程中，体育经纪人在接受委托前必须对经纪行为客体进行全方位的信息收集和客观分析，从而找到适合的买卖双方，以为后面经纪活动的顺利进行奠定基础。因此，体育经纪人对于目标委托人和第三方的联络和寻找就成为整个经纪业务实施的关键，这一工作环节处理得好坏，将直接影响到接下来经纪活动的开展。

二、目标委托人和第三方的含义与范围

（一）目标委托人和第三方的含义

委托又称委任，当事人为委托人，经纪人为受托人，经纪人接受委托方的委托。所谓目标委托人是指在体育经纪活动过程中，委托体育经纪人处理事务（推销产品、提供服务或者财产权利）的公民、法人或者其他组织。目标委托人是委托活动的当事人。体育经纪人与委托人的关系，在法律行为上是一种委托代理的关系，即经纪人根据委托人的授权而产生代理关系，一般建立在委托合同关系之上。经纪人与委托人的关系本质是民事法律关系。根据我国最新颁布的民法典，委托代理是指代理人的代理权根据被代理人的委托授权行为而产生。因委托代理中，被代理人是以意思表示的方法将代理权授予代理人的，故又称"意定代理"或"任意代理"。民事法律行为的委托代理，可以用书面形式，也可以用口语形式。法律规定用书面形式的，应当用书面形式。

委托是经纪运作程序的第一步，没有委托就没有经纪中介服务。体育经纪人在接受委托方的委托后，为使自己的经纪活动能够有效、稳妥地进行，需要按照委托方的需求，寻找适合的第三方。

所谓第三方是指在体育经纪活动过程中，体育经纪人在接受当事人的委托后，按照委托方的需求所联系的公民、法人或者其他组织。第三方也是体育经纪行为中必不可少的参与者和组成部分。例如，体育经纪人在接受了一名球员的转会委托后，却始终找不到能够接纳该球员的俱乐部，从而导致本次经纪活动的失败。因此，一个完整的体育经纪活动的顺利完成离不开目标委托人、体育经纪人和第三方的共同参与。

（二）目标委托人和第三方的范围

目标委托人的范围是，具有中华人民共和国国籍的合法公民和按照国家规定的审批程序成立的法人组织，以及实行独立核算的国家机关、事业单位、社会团体等。在体育经纪活动领域中，目标委托人主要有运动员、俱乐部、体育机构、体育组织、体育产业公司及

体育社会团体等。

体育经纪人在接受委托并签订委托合同后，要根据委托的事项开始收集信息和寻找合作对象。其合作对象一般包括以下几类：与运动员事项有关的合作对象，与体育组织委托事项有关的合作对象，与体育赛事商务代理推广有关的合作对象等。在体育经纪活动中，第三方的范围包括运动员、俱乐部、体育机构、体育组织、体育产业公司、体育社会团体、企事业单位及自然人等。

三、目标委托人和第三方的联络

（一）信息在体育经纪人与目标委托人和第三方联络过程中的意义

目标委托人和第三方是体育经纪活动中必不可少的组成部分，在整个经纪活动过程中的地位和作用不可替代。体育经纪业务对象是指需要中介服务的委托方和有购买能力或服务能力的第三方。联系经纪业务对象是每个经纪活动必须经历的业务阶段，同时也是任何经纪活动的起始阶段。因此，作为体育经纪人，为了保证经纪活动的顺利完成，对于经纪行为客体——目标委托人和第三方的联络就成为整个经纪活动的关键。

信息的多少是左右体育经纪人与目标委托人和第三方联络成败的关键。分析一下目前体育经纪人的活动过程，不难看出，体育经纪人作为市场经济下体育产业中重要的媒介商人，其向社会及买卖双方所提供的商品就是信息服务，信息服务的数量和质量以及买卖双方所接受的程度就决定了体育经纪人生存和发展的基础。从本质上讲，经纪活动是一种决策思维过程，是通过对信息的收集、整理、分类，并运用思维的联想、推论、判断和决策，然后通过各种信息媒体将信息发送出去，进而解释和采取一系列行动的综合系统工程。信息是决策思维的原料，没有信息，思维根本无法展开，也就谈不上经纪活动的决策。因此，对信息的掌握情况可以看作是开展体育经纪业务的一个根本性前提条件。经纪人的信息储备越丰富，可供选择和调用的知识就越多，运用起来就得心应手，产生新思路的可能性也就越大。

对于体育经纪人来说，与任何委托人、第三方以及竞争对手的联络，都必须拥有三项基本资源，即信息、资本和人际关系，其中信息处于首要位置。准确、快速地掌握与自己相关的最新体育经纪信息是其生存发展的一个重要方面。市场上商品和资金的双向流动，其实质是商业信息的运动，信息一旦转化，其潜能无法估量。

经纪人价值

如何获取更多的信息，如何增加自己的服务对象，是经纪人必须解决的一个难题。在现今体育产业飞速发展的浪潮中，体育经纪人对于信息数量和信息质量的保障显得尤为重要。通常情况下，经纪人增加服务对象包括两种方式：

一是经纪人在没有委托方的情况下，要想方设法寻找委托方，或是在接受了委托方的委托后，在穿针引线、牵线搭桥的经纪活动中留心身边的事物，发现潜在的委托方或第三方；二是在接受委托后，在寻找第三方的过程中仔细观察身边发生的事情，挖掘潜在的第三方或委托方。在现代社会强调的以人为本的经营理念中，"顾客至上"是经纪人永恒的信条。不论运作何种经纪活动，委托人和第三方都是体育经纪人的"衣食父母"。他们既是经纪人的服务对象，也是经纪人生存和发展的基础。委托人和第三方将最终决定经纪人或者经纪公司的成功与否。因此，在体育经纪活动中同样适用"委托人和第三方至上"的原则。

（二）体育经纪人与目标委托人和第三方联络的方法

1. 广交朋友，善结人缘，把握体育产业发展政策与规划

俗话说，一个好汉三个帮，一个篱笆三根桩。在生活和工作中，没有一个人的事业是完全靠自己干出来的。它需要很多亲朋好友和同事们的帮助。体育经纪人也是一样，经纪业务的成功离不开亲朋好友的支持和协助。所以，体育经纪人最好能够具有吸引别人支持与协助的特质，在与别人打交道时应真诚地帮助别人，信任别人，通过各种途径广交朋友，善结人缘。有些人虽然今天仅是你一般的朋友，明天就有可能是你的客户或者是能为你带来客户的中间人，因此不能错过任何对于事业有利的机遇。

作为经纪人还要更多地结交社会名流。名人在社会政治、经济生活中具有一定的影响力，他们信息灵通，而且这些名人能为其他人起到行为导向的作用。世界拳击著名经纪人唐金通过代理前世界拳王泰森的经纪事务而一举成名，至今依然凭借其经历和声誉成为世界重量级拳手的经纪人。

同时，对于体育经纪人或者体育经纪公司来说，经纪业务的发展离不开政府部门的支持和辅助。高明的体育经纪人总是善于利用政府部门的优势和权威来谋求自身的发展。经纪人与政府部门打交道，其主要目的在于从政府渠道获取必要的经营信息，与政界保持良好的关系，及时、准确地掌握政府所传递的信息资讯，这对体育经纪人充分利用政府所实施的一些经济发展规划带来的好处，避免由政府宏观调控造成的损失，是相当必要的。体育经纪人从政府部门获取的相关信息主要有以下几个方面：① 经济和社会发展的信息规划；② 产业发展信息；③ 政府采购信息。因此，体育经纪人必须做好政府的公关工作，与政界保持稳定、良好的关系。

2. 掌握现代化的通信和联络工具

有人说经纪人是"名片开道、电话打遍天下"，这话似有些夸张，但它说明一个真正的经纪人必须拥有的两样东西——名片和电话。在现代社会中，名片既是一种身份、地位的说明，也是自我推销的媒介。使用名片，不仅可以省却很多口舌，而且显得文明、高雅。所以大多数体育经纪人都十分注重名片的设计——职务、头衔、家庭住址、办公地点、办公室和住宅电话、电子信箱及移动电话等。总之，在小小的名片上，要尽可能多地写入有关内容，让人一目了然。当然名片并不能代表人的素养，成功地进行经纪活动的关键在于体育经纪人的素养和谈判磋商能力。

体育经纪人在进行经纪活动时不但要精心设计和使用本人的名片，同时更要注意收集名片，尤其是那些印有经营范围的名片更是信息的重要来源。经纪人与客户或经纪人与经纪人之间如果有一两次晤谈的机会，再借助名片经常保持联系，对于体育经纪活动的开拓和发展是十分有利的。

如果说名片在体育经纪人的经纪活动中只起"引见"作用，那么电话却能在经纪活动中起"桥梁"作用。对于一名经纪人来说，电话已经成为自己手和脑的延伸，成为身边必不可少的得力助手。国外把经纪人称为"拨电话赚钱的人"，一个经纪人一天之内打几十次甚至上百次电话已是司空见惯的事情。

随着现代社会市场经济的不断深入，生活节奏的加快，事物的发展也瞬息万变。电话既可以使我们省去许多鞍马劳顿之苦，又可使我们随时获取最新的信息，帮助我们尽可能多地抓住买卖机会。在当今网络信息时代，网络以其不可超越的信息存储量，成为现代经纪活动中一个极其重要的信息获取渠道。电脑已成为一种工具，在生产和生活中发挥着重要的作用。在当今社会，不懂电脑，已被视为新时代的文盲。因此，能够掌握网络操作技巧，充分利用网络资源，也是现代体育经纪人的必备素质。

3. 树立良好形象，积极地自我推销

在实施体育经纪业务的过程中，体育经纪人充分利用机会发挥自己的潜能，积极地推销自己是取得成功的第一步。人人都有潜能，但并非人人都能认识到自己的潜能，表现自己的潜能，利用自己的潜能。善于推销自己的人，都懂得把握时机、利用环境、以和为本的诀窍：① 在适合场合，适当地表现自己的潜能，多一分潜能就比其他人多一分优势。② 善于转换自己的潜能。把自己的潜能与其他活动结合起来，创造出一种新的能力，这种能力就是别人所不具备的。③ 推销自己的目的在于让对方接受自己，所以推销自己必须顾及对方感受，不可一味卖弄，否则将弄巧成拙。增加服务对象最大的技巧就是善于"自我推销"，树立良好形象。

4. 善于利用各种有效联络途径

作为体育经纪人，联络目标委托人和第三方的具体途径包括以下几个方面：

（1）通过报纸、杂志、电视、广播等可以得到很多有关委托人和第三方客户的信息和资料。

（2）通过同学、朋友等关系结识新朋友，发掘潜在客户。

（3）通过老客户的介绍和推荐结识新客户。

（4）参加交易会、博览会、展览会、发布会等结识新客户。

（5）加入有关交流或协作组织。

（6）参加诸如联谊会、恳谈会等社交活动，从中结识新客户。

（7）利用一定手段和形式对自己的经纪活动进行自我宣传。

5. 遵循准、本、利的联络原则

（1）开展经纪业务必须选准对象。没有明确对象的经纪业务是盲目的活动，很难取得结果。准确而迅速地找到客户，不断地扩大业务对象，是经纪活动的首要任务。经纪实践证明，体育经纪业务失败的原因通常在于经纪人把业务对象搞错了，做出了不正确的判断。在体育经纪业务中，不但要明确业务对象，提高业务的成功率，而且要不断扩大自己的业务对象范围。

经纪业务对象是可能有中介服务需求的人，或者是有可能购买有关商品的人，即潜在的客户，或者是能够提供特定商品的人，即潜在的供方。体育经纪人在开展经纪业务之前，必须明确只有具有真正的实际需要经纪服务的人，才是体育经纪中介工作合适的对象，否则就是浪费时间。

（2）进行以"人"为本的竞争因素分析。决定竞争成败的因素有很多，有客观环境的因素，也有人的主观因素。人的因素是主要的。经纪人在进行竞争因素分析时，必须贯彻"以人为本"思想。

（3）遵循以"利"为核心的决策标准。开发经纪业务对象，要贯彻以"利"为核心的决策标准。在委托方和第三方之间，既要维护委托方权益，又要尊重第三方的意愿；既要有"浪遏飞舟"的谈判气质，又要有"温良恭俭让"的议价技巧。委托方、经纪人和第三方，三者都要赢利。"三赢"为原则的决策标准，才能得到委托方和第三方的支持。不论是谈判气质，还是议价技巧，体育经纪人都要根据自己的情况，把自己放在一个适当的位置上。

第二节　业　务　谈　判

在接受委托后，体育经纪人的工作正式开始。首先，要根据委托项目需要系统地收集信息，积极地寻找项目所需的业务合作对象。目标明确以后，要有计划、有步骤地联系合作对象，进入业务谈判的阶段。业务谈判是引导委托方和业务方顺利成交的前提和关键，是体育经纪活动成功的保障。

一、体育经纪业务谈判的含义

谈判有狭义和广义之分。狭义的谈判指在正式场合安排和进行的谈判。广义的谈判包括各种形式的"交涉""洽谈""磋商"等。谈判，由"谈"和"判"两个字组成。"谈"是指双方或多方之间的沟通和交流，"判"就是决定一件事情。谈判的种类很多，有外交谈判、政治谈判、军事谈判、商务谈判等。体育经纪业务谈判是一种商务谈判，它是双方为了满足各自的利益而进行磋商，以达成意见一致的过程。

（一）谈判具有目的性

谈判双方均有各自的需求、愿望或利益目标，是目的性很强的活动。谈判具有特定的目的，是为了"满足"双方"各自需要"。在谈判中，谈判者的目的、意图各不相同。如果说甲方的目的在 A 点，那么乙方的目的必然在 A 点以外的某处，如将之定为 B 点就要进行一场唇枪舌剑的"战斗"，使一方的目标点向另一方的目标点靠拢。双方都有相似的目标，经纪谈判就可以产生并有可能成功。

（二）谈判是一种双向行为

一提起谈判，人们往往就会想到，两个人或两个团体在谈判桌上时而慷慨陈词，据理力争，时而对某个问题争论得面红耳赤，时而也会出现相互对视、默默无言的僵局。的确，谈判是一种双边或多边的行为和活动，谈判要涉及至少两个谈判对象。谈判的双方或多方都为着不同的目的走到一起，并在双方切磋中力争达到自己的目的。

什么是谈判？有一个很形象的说法：两个或两个以上的人分一筐橘子，橘子稀缺，但谁都想多得，文明人不提倡暴力，便发明了谈判。两个或两个以上谈判者的存在意味着这个决定分配的过程具有天然的互相制约性。也就是说，在谈判中，一方的行为必定会对另一方有影响。谈判是一种双向行为，是一个双方都自愿参加的游戏，任何一方都可以在任何情况下退出。进行谈判就意味着双方都希望尽快找到解决问题的办法。

（三）谈判是交流和沟通的过程

在谈判中，双方都会感受到"冲突"与"合作"这对矛盾的存在，要解决这一对矛盾，最好的办法就是交流和沟通。谈判的过程就是一个不断交流和沟通的过程，是一个不断调整各自需求和利益的过程，是一个互相逐渐让步、逐渐妥协，进而逐渐靠近双方都能接受的满意点的过程。谈判者必须明确谈判是通过相互合作而实现各自目标的有效手段。在谈判过程中，谈判双方总是基于一定的利益需求而参加谈判的，为了尽早满足自身需求，谈判双方都希望谈判能够顺利完成，但是这种理想的谈判过程是很少存在的。在谈判过程中接二连三的问题和彼此之间许多需要解决的矛盾会不断出现。这些问题和矛盾的解决过程实际上就是谈判双方互相协调利益和缩小态度差距的过程。当双方的态度差距缩小、双方利益得到合理协调之后，谈判双方就会逐步摆脱谈判僵局，共同迎接谈判的成功。

二、体育经纪业务谈判的原则

体育经纪业务谈判是现实的谈判，是追求利益的谈判。但谈判不是为利益而拼个"你死我活"或"两败俱伤"，它的目标应该是双方达成交易协议，而不是一方独得胜利，也不是将对方置于死地。双方为达到彼此的目的使合作成功，体育经纪业务谈判就应遵循一定的原则。这些原则主要有：

（一）合法原则

体育经纪业务谈判是一种法律行为，它必须遵守国家的有关法律、政策。涉外谈判，还应当遵守国际法则并尊重对方国家的有关法规、惯例等。在进行体育经纪业务谈判时，合法是第一位的。谈判中不仅要考虑双方的利益，还必须考虑到国家有关法律法规，否则，即使协议达成了，终究也会因不合法而使谈判的努力付诸东流。

体育经纪业务谈判合法原则具体体现在以下三个方面：

1. 谈判主体合法

参与谈判的各方组织及其谈判人员必须具备合法资格，尤其具有委托代理资格。

2. 谈判议题合法

谈判的内容、交易项目具有合法性，与法律、政策相悖的，即使谈判双方自愿并且意见一致，也是不被允许的。

3. 谈判手段合法

应通过公正、公平、公开的手段达到谈判的目的，而不能采取行贿受贿、暴力威胁等不正当手段。

总之，在谈判中只有遵守合法原则，谈判及其协议才具有法律效力，当事双方的权益才能得到法律的保护。随着我国和国际法律制度的健全与完善，谈判交易各方将会在越来越广的范围内受到法律的保护与约束。

（二）诚信原则

诚，就是真实不欺，尤其是不自欺，是指个人的内持品德；信，就是真心实意地遵守履行诺言，特别是不欺人。诚信原则，即诚实守信的原则，是经商的第一信条，也是我们对体育经纪业务谈判者的最基本要求。在体育经纪业务谈判中要以诚相见，以信取人。中国是礼仪之邦，"君子一言，驷马难追""君子一诺千金"都体现了中华民族诚信的传统和行为准则。现代企业更应讲究"诚信"二字。坚持诚信原则是取得谈判伙伴理解、信赖与合作的基础。虽说"谈判是利己的合作过程"，在体育经纪业务谈判中，双方的关系既有竞争的一面，又有合作的一面，但从根本上来说，双方是为了合作并取得谈判成功才走到一起来的。诚信作为体育经纪业务谈判的基础与命脉，应贯穿于商务谈判活动的始终。为此，在体育经纪业务谈判过程中，双方都应抱有合作的诚意，高度重视信用问题，以诚相待、信任对方、遵守诺言，在双方之间建立一种互相信任的关系，以便为签约后的长期合作打下基础。

（三）平等自愿原则

平等自愿原则要求体育经纪业务谈判双方在地位平等、自愿合作的条件下建立体育经纪业务谈判关系，并通过平等协商、公平交易来实现双方的权利和义务的对等，它反映了体育经纪业务的内在要求。在商品经济条件下，交易双方的企业都是自主经营、自负盈亏的商品生产者和经营者。虽然各企业从事经济活动的职能、规模、范围及经营方式、经营能力各不相同，但它们的法律地位是平等的。因此，在谈判桌前，无论企业大小、强弱、效益如何，都要平等对待。在涉外经贸中平等自愿也是我国对外经济关系中的一项基本原则。

市场经济的运行规律也要求商品交换是自愿的。任何一项交易都应出于双方的自愿，是否能成交和怎样成交，都要经过双方充分磋商。在商务谈判中，双方在观点、利益或行为上存在分歧是难免的。解决分歧的办法只能是平等自愿地协商，而不应该以优势自居，将自己的意愿强加给对方。我国与各国进行经济交流时也反对以任何借口，或附带任何特殊条件来谋求政治和经济上的特权。同时，我国也绝不接受对方附加的任何不平等条件与不合理要求。

（四）互惠互利原则

商务往来中利益永远都是排在第一位的，各种商务活动无不是围绕各种利益展开的。同样，体育经纪业务谈判的目的也是为了谋求自身利益最大化。只有确定能够得到某种利益，或者说，只有双方都能从与对方的合作中得到某种利益，谈判活动才可能进一步展开。互惠互利原则，要求体育经纪业务谈判双方在适应对方需要的情况下，互通有无，使双方的需求都能得到满足。在利益上，不仅要考虑己方利益，也要为对方着想，最终达成交易，互惠互利。谈判取得成功的唯一标志是达成对于双方都有利的协议，而绝不是一方全胜，一方全输。

（五）求同存异原则

求同存异原则，要求谈判双方在谈判过程中，暂时放下分歧，从双方的共同利益和目标出发，进行建设性的磋商，寻求一致，实现谈判的成功。谈判中的分歧是客观存在、不可避免的，任何谈判都会有这样或那样的分歧。解决分歧的关键不是紧抓分歧不放，而是应从使谈判获得成功这一共同目标出发，围绕双方的共同利益——互惠互利，开展建设性的交流。在求同的过程中，对方既合作又竞争，既争取又让步，最终消除分歧，实现谈判的成功。求同的过程也可以看作是双方不断妥协的过程，在妥协中消除分歧，因此，有人认为"必要的妥协是成功之母"。

（六）双方利益最大化原则

体育经纪业务谈判是一个双方逐渐沟通，申明各自的利益所在，了解对方实际需要并向彼此目标逐步靠拢的过程。但是，每场谈判最终达成的协议并不一定对双方都是利益最大化的。也就是说，此协议未必是最优方案。因此，在体育经纪业务谈判中双方需要想方设法去寻求更优的方案，为谈判双方争取到最大的利益。

在谈判中双方应一起努力，首先扩大双方的共同利益，再来讨论与确定各自分享的比例，也就是常说的"把蛋糕做大"。有的人一开始谈判，就急于拿起刀去切蛋糕，以为这蛋糕就这么大，如果对方切得多一点，就意味着自己分到的少一点，于是在蛋糕的切法上大动脑筋。其实，这种做法并不明智。谈判的结果，在很大程度上取决于能不能把"蛋糕"做大，通过双方的努力降低成本、减少风险，使双方的共同利益得到增长，最终使双方都有利可图。项目越大、越复杂，把"蛋糕"做得更大的可能性也越大。在商务谈判中，如果把一些主要原则先确定好，然后通过双方的努力把"蛋糕"做得足够大，那么其他方面的利益及其划分问题就相对容易解决了。

三、体育经纪业务谈判的要素

体育经纪业务谈判的要素是构成谈判活动的必要因素。它是从静态结构上，对谈判行为的剖析。换言之，如果没有这些要素，谈判就无从进行。无论何种体育经纪业务的谈判，通常都由谈判当事人、谈判议题、谈判背景三个要素构成。

（一）谈判当事人

谈判总是在人们的参与下进行的。谈判当事人，是指谈判活动中有关各方的所有参与者。从谈判组织的角度来看，谈判当事人一般有两类人员：台上的谈判人员和台下的谈判人员。

台上的谈判人员，指参加谈判一线的当事人，亦即出席谈判、亲临谈判桌的人员。一线当事人，除单兵谈判外，通常包括谈判负责人、主谈人和陪谈人。其中，谈判负责人，即谈判当事一方现场的行政领导，一般是上级派在谈判一线的直接责任者，他虽然不是谈判桌上的主要发言人，但有发言权，可以对主谈人员的阐述进行某些必要的补充和更正，是谈判桌上的组织者、指挥者，起到控制、引导和场上核心的作用。主谈人，即谈判桌前的主要发言人，他不仅是谈判的组织者之一，也是场上的主攻手，其主要职责是按照既定的谈判目标及策略同谈判负责人默契配合，与对方进行有理、有利、有节、有据的论辩和坦率、诚恳的磋商，以求说服对方接受自己的方案或与对方寻求双方（各方）都能接受的方案。陪谈人，包括谈判中的专业技术人员、记录人员、译员等，其主要职责是在谈判中提供某些咨询、记录谈判的过程与内容以及做好翻译工作等。

台下的谈判人员，指谈判活动的幕后人员。他们在谈判中虽然不出席、不亲临谈判桌，但是对谈判发挥着重要的影响或起着重要的作用。他们包括该项谈判主管单位的领导和谈判工作的辅助人员。其中，主管单位的领导的主要责任是组班布阵、审定方案、掌握进程、适当干预，辅助人员的主要作用则是为谈判做好资料准备和进行背景分析等。

（二）谈判议题

谈判议题是指谈判需商议的具体问题。谈判议题是谈判的起因、内容和目的并决定当事各方参与谈判的人员组成及其策略,所以,谈判议题是谈判活动的中心。没有议题,谈判显然无从开始且无法进行。谈判议题不是凭空拟定或单方面的意愿。它必须是与各方利益需求相关,为各方所共同关心,从而成为谈判内容的提案。谈判议题的最大特点在于当事各方认识的一致性。如果没有一致性,就不可能产生谈判议题,谈判也就无从谈起。

谈判中可谈判的议题几乎没有范围限制,任何涉及当事方利益需要并共同关心的内容都可以成为谈判议题。谈判议题的类别形式,按其涉及内容分,有政治议题、经济议题、文化议题等;按其重要程度分,有重大议题、一般议题等;按其纵向和横向结构分,有主要议题及其项下的子议题(议题中的议题)、以主要议题为中心的多项并列议题、互相包容或互相影响的复合议题等。由于谈判议题的多样性,谈判的复杂程度也就不同。

(三)谈判背景

谈判背景是指谈判所处的客观条件。任何谈判都不可能孤立地进行,而必然处在一定的客观条件之下并受其制约。因此,谈判背景对谈判的发生、发展和结构具有重要的影响,千万不可忽视。谈判背景主要包括环境背景、组织背景和人员背景三个方面。

1. 环境背景

环境背景一般包括政治背景、经济背景、文化背景以及地理、自然等客观环境因素。其中,政治背景在国际谈判中是一项很重要的背景因素,它包括所在地区的社会制度、政治信仰、体制政策、政局动态、国家关系等。如国家关系友好,谈判环境一般较为宽松,能彼此坦诚相待,充满互帮互助情谊,出现问题也比较容易解决;反之,国家关系处在对抗与冷战状态,谈判会受到较多限制,谈判过程的难度也较大,甚至会出现某些制裁、禁运或其他歧视性政策。有时由于政治因素的干扰,即使谈判的当事人都有诚意达成的某些协议,也可能成为一纸空文。此外,政局动荡的一方谈判者自然地位脆弱;政府人事更迭,有可能导致现行政策的变化等。经济背景也是很重要的背景因素,尤其对体育经纪业务谈判有直接的影响,它包括所在国家或地区的经济水平、发展速度、市场状况、财政政策、股市行情等。经济水平反映了谈判者背后的经济实力,比如某方占有市场的垄断地位,他在谈判中就具有绝对的优势;市场供求状况不同,谈判态度及策略也会不同;股市行情则往往是谈判者可供参照和借鉴的"晴雨表"。文化背景同样不可忽视,它包括所在国家或地区的历史渊源、民族宗教、价值观念、风俗习惯等。在这方面,东西方国家之间、不同种族和不同的民族之间,甚至一个国家内的不同区域之间,往往会有很大差异。

2. 组织背景

组织背景包括组织的历史发展、行为理念、规模实力、经营管理、财务状况、资信状况、市场地位、谈判目标、主要利益、谈判时限等。组织背景直接影响谈判议题的确立,也影响着谈判策略的选择和谈判的结果。

3. 人员背景

人员背景包括谈判当事人的职级地位、教育程度、个人阅历、工作作风、行为追求、心理素质、谈判风格、人际关系等。由于谈判是在谈判当事人的参与下进行的，因此，人员背景直接影响着谈判的策略运用和谈判的进程。

上述构成谈判活动的三个基本要素，对于任何谈判来说，都是不能缺少的（图2-2-1）。

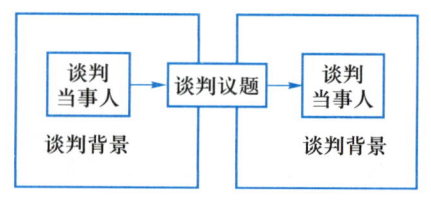

图 2-2-1　谈判要素示意图

四、体育经纪业务谈判的程序

体育经纪业务谈判是一项比较复杂的活动，易受各种主、客观因素的影响。因此，谈判桌上的情况往往风云变幻、跌宕起伏。同时，因为各种体育经纪业务谈判的具体内容不同，当事各方的目标、实力、风格、策略等不同，所以，各种体育经纪业务谈判情况千差万别。当然，一般比较正式的体育经纪业务谈判，总是依照一定的程序进行的。体育经纪业务谈判的程序或步骤，大体上可以分为以下三个阶段：

（一）准备阶段

体育经纪业务谈判直接影响组织的交易活动目标的实现，并关系到组织的经济利益和生存发展。谈判前的准备阶段的工作做得如何，对谈判能否顺利进行和取得成功至关重要。商务谈判前的准备阶段，应当包括以下几项工作：

1. 选择对象

选择对象，即选择谈判对象。当己方决定争取实现某项交易目标必须进行谈判时，首先要做的准备工作就是选择谈判对象。选择谈判对象，应根据交易目标的必要性和相互间商务的依赖关系，通过直接或间接的先期探询，即相互寻找、了解交易对象的活动，在若干候选对象中进行分析、比较和可行性研究，找到己方目标与对象条件的最优结合点，以实现优化选择。

2. 背景调查

在确定谈判对象的基础上，应以"知己知彼"为原则，对谈判背景进行认真的调查研究。背景调查，包括己方的背景调查，尤其要做好对谈判对象的背景调查。调查的内容包括环境背景、组织背景和人员背景等方面。背景调查实际上是谈判准备阶段的信息准备，要注重从多种渠道获取信息，建立谈判对象档案，并以动态的角度分析问题。

3. 组建班子

体育经纪业务谈判是一项有目标、有计划、有组织的活动，必须依靠具体的谈判人员去实现。所以，组建好谈判班子，是谈判前最重要的准备工作。在很多情况下，某些组织在即将进行的谈判中其实具有相当的优势，但由于缺乏优秀的谈判人员和协调有序的谈判班子，反而导致了谈判的失败。因此，组建好谈判班子是谈判取得成功的组织保证。一般来讲，组建及运作优秀的谈判班子，要抓好三个环节：

（1）人员个体素质优化。按照一定的职业道德、知识能力、心理、身体条件等要求，做好谈判人员的遴选。

（2）班子规模结构适当。一方面应根据谈判的客观需要和组织的资源条件，使谈判班子规模适当；另一方面应从组织、业务、性格、年龄等构成方面，使谈判班子结构合理、珠联璧合。

（3）实现队伍有效管理。通过对谈判班子负责人的挑选和履行其职责，通过确定谈判的方针和高层领导适当干预，实现对谈判队伍间接或直接的有效管理。

4. 制订计划

谈判计划是谈判前预先对谈判目标、谈判方略和相关事项所作的设想及其书面安排。它既是谈判前各项主要准备的提纲，又是正式谈判阶段的行动指南。谈判计划是谈判的重要文件，应注意它的保密性，最好仅限于主管领导和谈判班子成员参阅。谈判计划的制订，应当简要、明确、灵活。制订程序应在明确谈判目标以及所要采取的谈判策略的基础上，经谈判班子成员集思广益，报主管领导审批确定。其主要内容一般包括：谈判的基本目标、主要交易条件、各方地位分析、人员分工职责、时间和地点安排、谈判成本预算、谈判策略谋划、必要说明及附件等。

5. 模拟谈判

模拟谈判是正式谈判前的彩排。它是将谈判班子的全体成员分为两部分，一部分成员扮演对方角色，模拟对方立场、观点和风格，与另一部分己方人员对阵，预演谈判过程。模拟谈判可以帮助己方谈判人员从中发现问题，对既定的谈判计划进行修改和完善，使谈判计划更为实用和有效，同时，能使谈判人员获得谈判经验，锻炼谈判能力，从而提高谈判的成功率。模拟谈判的原则：一要善于假设，提出各种可能的问题；二要尽量提高仿真程度，假戏真做；三要把促使对方做出己方希望的决定作为模拟谈判目标；四要认真总结经验，进行必要的反思。模拟谈判的形式，除现场彩排演练以外，还可以根据谈判的实际需要，采用列表回答、提问辩论等。

（二）实施阶段

谈判前准备阶段的各项工作完成后，便可以按照谈判计划的时间和地点开始正式的谈判。这个阶段，就是谈判当事人为实现预定的交易目标，就交易条件与对方协商的阶段，它是全部谈判程序的中心和关键。谈判实施阶段，依照活动过程可以分为相互连接的环节或步骤，主要可归纳为以下三个环节：

1. 开局

开局，是指谈判当事人各方从见面开始，到进入交易条件的正式磋商之前的这段过程。开局的主要工作有三项：

（1）营造气氛。通过相互致意、寒暄、交谈等，营造一种和谐、融洽、合作的谈判气氛，使谈判有一个良好的开端。

（2）协商通则。根据谈判议题先对谈判目的、计划、进度等非实质性的安排进行协商，并相互介绍谈判人员。

（3）开场陈述。分别简介各自对谈判议题的原则性态度、看法和各方的共同利益。各方陈述后，有时需要一种能把各方引向寻求共同利益的进一步陈述，这就是提出倡议。同时，通过对对方陈述的分析，也可大体了解对方对谈判的需要、诚意和意向，这就是探测对方意图。开场陈述之后，谈判即进入实质性的磋商环节。

2. 磋商

磋商，即按照已达成一致的谈判通则，开始就实现交易目标的各项交易条件进行具体协商、讨价还价，是谈判阶段的核心和最具有实质意义的步骤。磋商过程包括：

（1）明示和报价。明示，即谈判各方通过各种信息传递方式，明确地表示各自的立场和意见，暴露出分歧点，以便展开讨论。报价，不仅指在价格方面的要价，而且泛指谈判一方向对方提出的所有要求。

（2）交锋。谈判各方在已掌握的各种谈判信息的基础上，为了实现各自的谈判目标和利益，据理力争、反驳论辩、说服对方的沟通交流的过程。交锋，常常是一个充满挑战的艰辛过程。交锋中，作为谈判人员，一方面要坚定信念、勇往直前；另一方面又要以科学的态度、客观的事实、严密的逻辑思维，倾听、分析对方的意见，并回答对方的质询。

（3）妥协。经过激烈的交锋，为了突破谈判僵局，防止谈判破裂和实现谈判目标所作出的让步。实际上，商务谈判不能"一口价"，磋商中的交锋也不可能各方一直无休止地争论和坚持己见。为了寻求双方都可以接受的条件和共同利益，适时、适当的妥协是完全必要的。妥协的原则是有所施、有所受，或者说有所失、有所得。在商务谈判中，成功的谈判应当各方都是赢家。而这种"双赢"的结果，必须从各方共同利益的大局着眼，求同存异、互谅互让。从这个意义上可以说，善于作出妥协让步，恰恰是谈判人员成熟的表现。

3. 协议

协议，即协商议定，就是谈判各方经过磋商，特别是经过交锋和妥协，达到了共同利益和预期目标，拟订协议书并签字生效。协议标志谈判的成功。

（三）履约阶段

经过谈判阶段，除中途破裂、分道扬镳者外，多数会达成协议。而谈判破裂者，有一部分还会重开谈判，最终达成协议。达成协议是谈判各方反复磋商取得的共识，谈判达成一致的条件均具有不可更改性，即只要谈判各方达成协议、签字生效就不能再随意更改，这叫作谈判终结的"不二性"。所以，达成协议是谈判成功的结果和标志。但是，达成协议又只是交易合作的开始，许多合同涉及的内容都是后续工作。因此，从实现交易目标的角度，达成协议绝不是大功告成。完整的商务谈判程序，必须包括履约阶段。

履约阶段，主要工作是检查协议的履行情况，做好沟通并认真总结。其中，如对方违约，应按照协议索赔；出现争议，需按照协议仲裁。只有在整个合同期协议的全部条款得到了落实，谈判各方的交易目标及其交易合作才真正实现，谈判才画上了圆满的句号。综上所述，商务谈判的程序如图 2-2-2 所示。

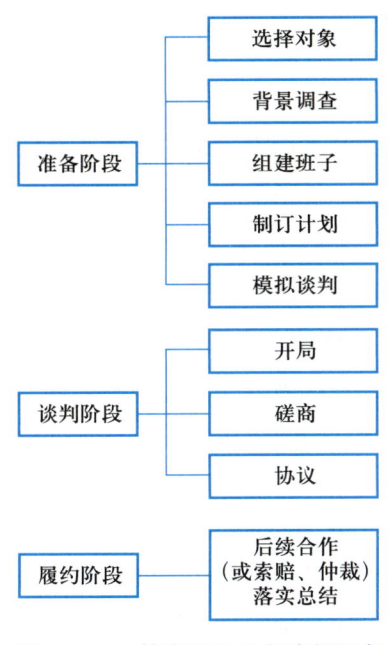

图 2-2-2　体育经纪业务谈判程序

第三节　合 同 签 订

在各类体育经纪业务活动中，需要事先签订合作意向书，以确立基本的合作内容，然后进入正式的合作谈判阶段，并最终确立双方合作的具体内容。在一些小型合作项目中，可不签署合作意向书，但是在一些大型合作项目中，合作意向书依然受到合同双方的重视。本节旨在讲述合作意向书的相关内容及其签订的方法和程序。

一、体育经纪业务合作意向书的内容与形式

（一）体育经纪业务合作意向书的含义

合作意向书是双方或多方就某一问题在进入实质性谈判之前，进行初步接触后所形成的带有原则性、方向性意见的文件。它往往是双方或各方希望达到某种目的的一种意图和打算，是正式签订协议的基础。

在体育经纪业务活动中，目前一般不正式签署合作意向书类文件，只是在体育经纪人之间或体育经纪人与相关业务主体之间相互往来时出现类似的书面文件。该书面文件的核

心内容是就双方合作内容进行相互协商，类似合作意向书的内容。合作意向书在体育经纪业务活动双方有意愿合作时便会产生，并在合同签订前一直有效。因此，合作意向书更像是体育经纪业务活动双方相互沟通的信函。

（二）体育经纪业务合作意向书与合同的关系

1. 合作意向书不属于合同

合同的成立需要要约人要约和承诺人承诺，而合作意向书只是在合作内容上双方的协商，还没形成最后的要约承诺。

合同是具有法律效力的，合同上所阐明的双方权利与义务如无特殊条件必须严格履行；而合作意向书仅仅表示双方有合作的意向，是没有法律效力的。

2. 合作意向书与合同同属于协议

合作的意向就是一种协议，表现为合作意向书。这种合作意向书，并不涉及双方具体的权利义务，所以并不完全具有合同的法律效力。

3. 合作意向书有可能转化为合同

有时候虽然协议名称为"合作意向书"，但协议内容约定了双方具体的权利和义务，并开始履行协议，则此合作意向书具有了合同的法律效力。因此，该意向书也称意向性合同。判断一个协议是合作意向书还是合同，不能只凭字面意思来理解，而要仔细研读其中的内容和条款。

（三）体育经纪业务合作意向书的内容

体育经纪业务合作意向书存在于整个谈判的过程中，其具体内容将伴随谈判的进程而逐渐明朗。一般而言，合作意向书的内容包括以下几个部分：

1. 合作双方的基本信息

基本信息包括体育经纪业务合作双方的名称（公司名称或体育经纪人名称）、联系人、职务或资质、联系方式（固定电话、移动电话、传真、电子信箱）等。

2. 体育经纪人和体育经纪公司相关资料介绍

详细说明该体育经纪业务涉及的体育经纪人或体育经纪公司的背景资料、组织架构、经纪历史、荣誉资质、核心优势、业绩介绍等，以便于合作双方更好地了解另一方。在该部分资料的介绍中，许多体育经纪人和体育经纪公司会根据具体的项目和己方的优势，有侧重地进行介绍。这样做主要有两方面好处：一方面，可以缩减谈判的时间，如针对该体育经纪项目主要负责团队的详细介绍，有利于对方了解具体的项目管理安排，省去了许多不必要的麻烦；另一方面，可以提升自我的谈判筹码，如就己方操作过的体育经纪业务历史案例进行详细介绍，并特别突出取得的成果或是暗示曾经的价位，则有利于消除对方对己方操作能力的怀疑，也为己方提出相应的经纪服务价位提供支持。

3. 主要合作内容

主要合作内容是合作意向书的正文部分，也将是形成最终合同文本的核心要素，因而至关重要。下面假设以××公司拟邀请×××作为其产品形象代言人，来介绍体育经纪业务合作意向书的主要合作内容。

（1）合作项目名称。关于邀请×××代言××公司产品的合作意向。

（2）合作要求。希望×××代言××公司产品所提供的服务以及××公司使用×××形象的具体应用说明，包括形象的使用、参与的市场活动、共同开发的产品等。

（3）合作金额。预算形象代言人金额 3 000 000.00 元，即叁佰万元人民币。

（4）合作时间。计划 2021 年 1 月 1 日至 2021 年 12 月 31 日一个年周期。

（5）其他。公司年度品牌计划中对于形象代言工作的时间安排表。

在合作意向书中，并不要求把合作内容详尽地描述清楚，因为从策略上来讲这是不明智的行为，那样会压缩自己的谈判空间，不利于整个谈判的实施。所以，在提出自己对对方的要求时，往往会扩大要求；而提到自己方面的资源时，往往会打折告诉对方。然后通过双方谈判磨合，不断妥协，才能得到自己理想的谈判结果。

4. 资料和信息索取提问

该部分内容主要是向对方提出一些自己想了解的问题，希望对方进行回答。以邀请×××作为××公司形象代言为例，我们会提出如下问题：

（1）请问您对我公司邀请×××作为产品形象代言人有何更好的建议？

（2）关于×××形象代言还可提供哪些资源？

（3）请告知签约×××作为形象代言的具体事务如何安排？

（4）请提供具体的合作方案，以备公司领导层讨论。

（5）在合作过程中，您对我公司有哪些具体的要求？

（6）您需要我公司在整个合作过程中（包括近期）提供哪些支持？

5. 对确定合作关系提出具体安排

为了推进合作的进展，合作意向书中需要对合作关系的确定事宜做出具体安排，如就本合作意向书的合作内容，甲乙双方定于××××年×月×日进行深入洽谈，或在甲乙双方完成前期工作基础上，双方商定××××年×月×日签订正式合同。

6. 未尽事宜

为了提醒对方本合作意向书的内容可能会有不完备的地方，也为了等待对方对于己方合作内容的意见，合作意向书中往往会留有一定的空白文档。

（四）体育经纪业务合作意向书的形式

体育经纪业务合作意向书一般由标题、签订意向书双方名称、正文、落款、日期等部分组成。体育经纪业务合作意向书的格式一般为：

1. 标题

一般写明事由和文种，如《2008奥运特许产品多方合作意向书》；或写明机关（单位）和文种，如《××体育用品厂与××体育经纪公司合作意向书》；有的仅写明文种，如《体育经纪合作意向书》。

2. 签订意向书双方名称

双方名称一般要写明全称。而为叙述方便，可分别确定为甲方、乙方或丙方。

例如，甲方：××体育产业有限公司（以下简称甲方）

乙方：××体育经纪有限公司（以下简称乙方）

3. 正文

正文是意向书的主体和核心部分。一般是写明双方或多方达成协议的各个事项，如合作的项目、合作的方式、合作的程序、合作的金额、双方的权利和义务等。

4. 落款

落款写明签订意向书的机关（单位）名称及其负责人姓名、联系方式等，或签名盖章。

5. 日期

写明签订意向书的年、月、日。

二、体育经纪业务合作意向书的签订

（一）体育经纪业务合作意向书的签订程序

体育经纪业务合作意向书的签订可能很简单，也可能很烦琐，要根据具体的合作项目而定。一般而言，一份完整的合作意向书的签订程序包括如下步骤：

1. 确立基本合作内容

体育经纪业务合作意向书基本合作内容的确立是一个需要双方经过多次沟通的过程。在这个长期的过程中，我们会接触到许多合作意向的草案，或者合作沟通往来信件，这些都是形成最终合作意向书的基础文件，也反映了合作谈判过程中双方斗智斗勇的成果。

体育经纪业务合作双方通过多次沟通，就合作项目的利益、金额、权利等各方面内容进行磋商，形成双方都满意的基本合作内容，此时体育经纪业务合作意向书的签订时机就已经成熟。

2. 撰写合作意向书

基本合作内容达成一致意见即进入合作意向书的撰写阶段。该阶段一般由一方撰写合作意向书，交由另一方查看审核。前面提到的合作意向书中"未尽事宜"留空的部分，就在该阶段应用，以备对方提出意见。根据另一方的合作意向书内容要求，双方协商解决，形成双方均满意的体育经纪业务合作意向书。

3. 合作意向书签订

下一阶段进入合作意向书的签订阶段，正式的合作意向书签订仪式有如下工作：

（1）约定时间、地点签订合作意向书。双方经过沟通协商，约定体育经纪业务合作意向书的签订时间和地点。签订地点可以是体育经纪业务合作双方中某一方的办公地点，也可以在第三方处签订合作意向书，第三方一般选择酒店等。

（2）双方选定参与签订仪式人员。双方选定参与签订仪式的组成人员，并相互告知。一般而言，体育经纪业务合作意向书的签订仪式，体育经纪人代表自我权利人参加，而体育组织或单位则派代表参加并须指定一名签约人。

（3）确定签约仪式的形式。一般签订仪式的形式为两种，即秘密签订和对外公开发布，这决定了签约仪式的影响程度。如果是对外公开发布的签约仪式，则要考虑是否请领导，请哪些领导参加；是否邀请媒体记者，邀请哪些媒体记者参加。该阶段与新闻发布会相同。

（4）签订合作意向书。双方在约定的时间、地点正式签订体育经纪业务合作意向书，并拍照和摄影进行记录。该过程一般由双方代表发言，对未来合作内容进行展望和对合作方式给予保证，以显示双方合作的诚意。

（5）向外发布合作内容。如有需要，双方新闻发言人分别就自己公司的内容对外发布，可采用新闻公关的形式，安排媒体采访、答记者问环节。

（二）体育经纪业务合作意向书的签订方式

现实商务活动中签订合作意向书的方式很多，几乎是随时随地都可能发生。对这些合作意向书的签订方式进行归类，主要有以下四种：

1. 书面

一些重要的体育经纪业务合作项目，对体育经纪人、体育经纪行业和社会的影响力都比较大的项目，合作意向书的签订就代表合作的基本成功，因此都会按照体育经纪业务合作意向书签订的整个流程以书面的形式签订。

书面形式签订，也有两种形式：一是现场签订形式，双方代表到场，现场签订合作意向书；二是邮寄签订形式，一方先签订，然后邮寄给另一方，另一方签完再邮寄回去。

2. 传真

对于一些不是很重要的体育经纪业务合作项目，在现实生活中可采用传真件签订合作意向书的形式来完成。

传真形式签订体育经纪业务合作意向书，即一方先签订，然后将合作意向书以传真件的形式发给另一方，另一方签完后再以传真件的形式送回。一般来说，传真件签订合作意向书，要在事后补签书面合作意向书或补盖公章（合同章）。

3. 电子邮件

一般的体育经纪业务合作内容，不需要兴师动众签订合作意向书，在现实的体育商务活动中，往往以邮件形式确认双方的合作内容。

电子邮件确认合作意向书是目前体育经纪业务活动最常用的形式。该形式是在双方比较了解、相互信任的基础上完成的。该形式具有速度快、效率高、资源耗费小的特点。

4. 口头约定

在高尔夫球场、茶室等休闲娱乐场所，一些体育经纪人会晤或聚会现场，往往会形成很多口头约定的合作意向。这也是约定合作意向的一种形式，而且这种形式在现实的体育商务活动中与邮件确认体育经纪业务合作意向书一样普及和常见。

重要概念

目标委托人：指在体育经纪活动过程中，委托体育经纪人处理事务（推销产品、提供服务或者财产权利）的公民、法人或者其他组织。

委托代理：指代理人的代理权根据被代理人的委托授权行为而产生。因委托代理中，被代理人是以意思表示的方法将代理权授予代理人的，故又称"意定代理"或"任意代理"。

谈判背景：指谈判所处的客观条件。任何谈判都不可能孤立地进行，而必然处在一定的客观条件之下并受其制约。

合作意向书：双方或多方就某一问题在进入实质性谈判之前，进行初步接触后所形成的带有原则性、方向性意见的文件。它往往是双方或各方希望达到某种目的的一种意图和打算，是正式签订协议的基础。

复习题

1. 列举足球经纪人的潜在目标委托人。
2. 简述体育经纪人如何积极地自我推销。
3. 如何增加体育经纪人的业务对象？
4. 你如何理解谈判是"双赢"的？
5. 体育经纪公司招聘体育经纪人，你若准备应聘，你打算如何与该公司负责人谈判？
6. 谈谈合作意向书与合同的区别。
7. 简述体育经纪业务合作意向书的形式与内容。
8. 简述合作意向书的签订程序与方法。

第三章

体育经纪业务谋划

▽ 本章提示

　　体育经纪业务谋划是体育经纪人需要具备的一项基本能力。本章介绍了在体育经纪业务过程中方案构想和文案撰写的基础知识，主要包括体育经纪业务计划的概念和作用、体育经纪业务的目标，以及制订体育经纪业务计划、撰写与体育经纪业务相关商务文案的有关内容。

▽ 能力要点

- 能够分析目标委托人和第三方业务活动的要求
- 能够判定目标委托人和第三方业务活动的目标
- 能够设计体育经纪业务活动的框架

▽ 知识要点

- 与目标委托人和第三方业务活动有关的知识
- 体育经纪业务活动计划的内容、目标、制订依据与制订程序
- 商务文案要素与类型
- 商务策划文案框架设计内容与方法

第一节　方案构想

　　2022年，举世瞩目的国际冬季奥林匹克运动会在北京举办。这场运动盛宴如何组织，其中的各项赛事、各类活动、广告经纪等如何安排，开、闭幕式策划什么活动？这些问题

的答案都需要通过赛事方案构想来寻找。一个运动员（体育明星）的运动训练职业生涯、无形资产开发、各类公开赛事和商业活动的安排等都需要进行系统性的规划，该过程就是运动员经纪方案构想。一项体育赛事活动的立项规划、运营执行、广告赞助、营销宣传、转播权开发、冠名权开发、衍生品开发、安保措施等都需要进行系统性的规划，该过程就是体育赛事经纪方案构想。一个职业运动俱乐部、运动队或其他形式体育组织的整体运营、品牌打造、投资赞助、冠名代言、文化建设、球迷经营甚至运动场馆的经营和维护等方面也都需要进行系统性规划，该过程就是体育组织经纪方案构想。显而易见，方案构想在整个体育经纪业务中属于引导性工作，并起到举足轻重的作用。

一、体育经纪业务活动计划的概念、类型和作用

方案构想是体育经纪业务谋划的第一步。方案构想是一门考验体育经纪人系统性、综合性和整合性能力的技术。在开展方案构想之前，有必要先了解体育经纪业务活动计划的概念、类型和作用，以掌握方案构想的背景知识。

（一）体育经纪业务活动计划的含义

体育经纪业务活动计划是指为实现体育经纪业务活动的目标而对各项工作任务进行的预先策划和统筹安排。大到四年一次的奥林匹克运动会，小到一个企业内部的员工运动会，都需要有一个周密的计划，以便对赛事的地点、时间、规程、日程、项目、人员、设备、后勤、奖品、开幕式、穿插节目、闭幕式、赛事通告、选手参赛、安保措施、衍生合作等各项工作予以协调和安排。

体育经纪业务活动计划可以从三个维度加以理解，这三个维度分别是：

1. 计划是一项管理职能

体育经纪业务活动计划的管理职能表现在统筹力和创造力两个方面。统筹力即对掌握的资源、可挖掘的资源进行最有效、最优化的配置，发挥资源的最大价值。我们平常说的时间表，就是对时间资源的合理配置；人员表，就是对人力资源的合理配置。哪个时间点必须完成哪个关键任务，哪项任务必须由哪个人来完成，就是优化意识和价值最大化的体现。

创造力是体育经纪活动计划区别于生产计划、工作计划等计划工作的核心职能，是对可能形成的新资源进行前瞻预测和创造开发。体育经纪活动计划是一项脑力劳动，是目前流行的创意产业的内容之一，通常体现为"对资源进行再整合和再创造，发挥新的价值"，必须引入并强化策划（创意）工作。例如，1984年洛杉矶奥运会首次引入了电视转播权、门票、赞助权等一整套系统化的商业化运作模式，改写了奥运会不赢利的历史，在顺利举办奥运会的同时实现了2.5亿美元的赢利，也重新定义了奥运会的可持续性发展和经营理念。奥运会发展至今已经成为世界上最有影响力、最受关注、最吸引人的体育盛会，这便

是尤伯罗斯创造力的功劳。该项创举赋予体育以新的生命力，形成了体育市场运作的商业模式，并一直影响至今。

2. 计划是一种工作打算和安排

体育经纪业务活动计划是为完成体育经纪工作任务而预先拟定的内容和步骤，是体育经纪业务活动过程中用以"按表操课"的框架和蓝图。在未来的一段时间或一个阶段内打算做什么，怎么做，预期达到什么样的目标，将这些问题的答案写成书面材料就是计划。例如，《2019年职业台球中国争霸赛商业赞助计划》和《2021年环青海湖国际公路自行车赛赛事方案》等就是常见的体育经纪业务活动计划。

3. 计划是一连串持续改进过程的起点

根据戴明循环理论，通过计划（Plan）、执行（Do）、检查（Check）和处理（Act）四个循环反复的步骤，可以让我们有意识、有目的且经济的累积关于体育经纪业务活动的经验，每一次的复盘和修正都是为了下一次相同或类似的活动做准备（图3-1-1）。国内外重要的运动赛事，之所以能够越办越好，树立口碑，正是因为通过周详的计划来保障执行，凭借切实的执行来通过检查，根据仔细地检查来进行处理，然后再将处理的经验完善到计划当中，形成一个持续改进的过程。

图3-1-1　戴明循环示意图

（二）体育经纪业务活动计划的类型

体育经纪业务活动计划的种类很多，可以依据计划的重要性、时间界限、明确性和抽象性等标准进行分类。但是依据这些分类标准进行划分所得到的计划类型并不是相互独立的，而是密切联系的。比如，战略计划和作业计划，短期计划和长期计划等。

1. 按计划的重要性划分

从体育经纪业务活动计划的重要性程度上来看，可以将计划分为战略计划和作业计划。

战略计划是体育组织根据外部因素和内部资源而制订的长远的、全局性的计划，战略计划应用于组织整体，为体育组织提供总体目标和整体方向。规定总体目标如何实现的细节的计划可以称为作业计划。可以说，战略计划着眼于宏观的战略布局，而作业计划则是落实在微观的战术执行上。

战略计划的时间周期较长，通常为5年及以上，它们涵盖较宽的领域并不规定具体的计划细节。此外，战略计划的一个重要的任务是设立目标；而作业计划的假定目标已经存在，只是提供实现目标的方法。

LN体育用品公司曾制订一本厚达127页的《LN体育用品公司发展战略规划》，对各类环境因素和公司资源做了系统分析，从而制订了其发展战略，作为公司的纲领性文件。这一文件便是战略计划。之后，LN公司每年都要制订相应的产品开发计划、营销推广计划、渠道拓展计划等，并且拆解成各项关键绩效指标，这些计划都属于作业计划，指导具体的执行工作。

2. 按计划的时期界限划分

财务人员习惯于将投资回收期分为长期、中期和短期。长期通常指5年以上，短期一般指1年以内，中期则介于两者之间。体育经纪组织的管理人员也可以采用长期、中期和短期来描述计划。长期计划描述了组织在较长时期（通常5年以上）内的发展方向和方针，规定了组织的各个部门在较长时期内从事某种活动应达到的目标和要求，绘制了组织长期发展的蓝图。短期计划具体地规定了组织的各个部门从目前到未来各个较短的时期，特别是最近的时段中，应该从事何种活动，从事该种活动应达到何种要求，因而为各组织成员在近期内的行动提供了依据。

例如，奥林匹克运动会等大型赛事，一般要制订长期计划，再配合短期计划来完成。体育经纪领域的大部分经纪活动，其执行周期都很短，通常制订的是短期计划。不过，如果涉及体育赛事品牌的打造，俱乐部组建和经营，或者是年轻、经验不足但充满潜力的运动员的代理，则可根据具体情况制订长期计划。

3. 按计划内容的明确性划分

根据计划内容的明确性指标，体育经纪业务活动计划可以分为具体性计划和指导性计划。具体性计划具有明确规定的目标，不存在模棱两可的情况。比如，体育赛事销售部经理的销售计划目标是赛事纪念品的销售额在未来6个月增长15%，他会制订明确的程序、预算方案以及日程进度表，这便是具体性计划。指导性计划只规定某些一般的方针和行动原则，赋予行动者比较大的自由处置权，它指出重点但不把行动者限定在具体的目标上或特定的行动方案上。比如，一个增加体育纪念品销售额的具体计划可能规定未来6个月内销售额要增加15%，而指导性计划则可能只规定未来6个月内体育纪念品销售额要增加12%～16%。相对于指导性计划而言，具体性计划虽然更易于执行、考核及控制，但缺少灵活性，它要求的明确性和可预见性条件往往很难满足。

4. 按计划表现的层次性划分

哈罗德·孔茨和海因·韦里克从抽象到具体，把计划划分为：目的或使命、目标、战略、政策、程序、规则、方案，以及预算。

（1）目的或使命。它指明体育组织机构在社会上应起的作用及所处的地位，决定体育组织的性质和此组织区别于彼组织的标志。各种有组织的活动，如果要使它有意义的话，至少应该有自己的目的或使命。比如，体育经纪公司的使命是促进体育市场的活跃和繁荣发展，体育赛事组织机构的使命是组织体育赛事活动，体育健身俱乐部的使命是推广体育健身活动，体育用品公司的使命是生产和分配体育用品。

（2）目标。体育组织的目的或使命往往太抽象、太原则化，需要进一步将其具体化为一定时期的目标和各部门的目标。体育组织的使命支配着组织各个时期的目标和各个部门的目标。而且体育组织各个时期的目标和各部门的目标需要围绕组织存在的使命来制订，并为完成组织使命而努力。虽然体育经纪公司的使命是促进体育市场的活跃和繁荣发展，但是这并不是一蹴而就的，需要具体化为不同时期的目标和不同项目的目标，如近3年运作几项体育赛事，操作几个运动员转会，立足于运作哪些体育运动项目等。

（3）战略。战略是为了达到体育组织的总目标而采取行动和利用资源的总计划，其目的是通过一系列的主要目标和政策去决定和传达一个组织对自己的期望。例如，某体育经纪公司的战略是5年内使自己成为当地省级区域的体育经纪第一品牌，这就是该公司对自己的期望。战略并不打算确切地概述体育组织怎样去完成它的目标，这是无数主要的和次要的支持性计划的任务。

（4）政策。政策是指导或沟通决策思想的全面的陈述书或理解书。但不是所有政策都是陈述书，政策常常会从主管人员的行动中含蓄地反映出来。比如，体育主管人员处理某个问题的习惯方式往往会被下属作为处理该类问题的模式，这也许是一种含蓄的、潜在的政策。

政策能帮助决定问题的处理方法，这一方面减少了对某些例行问题在处理时的时间成本，另一方面把其他计划都统一起来了。政策支持了分权，同时也支持了上级主管对该项分权的控制。政策允许对某些事情自由处理，一方面切不可把政策等同于规则，另一方面又必须把这种自由限制在一定的范围内。自由处理的权限大小一方面取决于政策本身，另一方面也取决于主管人员的管理艺术。

（5）程序。程序是制订处理未来体育经纪活动的一种必需的次序。它详细列出必须完成某类活动的切实方式，并按时间顺序对必要的活动进行排列。它与战略不同，它是行动指南，而非思想指南。它与政策不同，没有给行动者自由处理的权利。出于理论研究的考虑，可以把政策与程序区分开来，但在实践工作中，程序往往表现为组织的政策。比如，一家体育用品公司的处理订单程序、财务部门批准给客户信用的程序、会计部门记载往来业务的程序等，都表现为该企业的政策。组织中每个部门都有程序，而在基层，程序更加具体化、数量更多。

（6）规则。规则没有酌情处理的余地。它详细、明确地阐明必须行动或无须行动，其本质是一种管理决策。规则通常是形式最简单的计划。

规则不同于程序。其一，规则指导行动但不说明时间顺序；其二，可以把程序看作是一系列的规则，但是一条规则不一定是程序的组成部分。比如，"禁止吸烟"是一条规则，但和程序没有任何联系；而一个规定为顾客服务的程序可能表现为一些规则，如在接到顾客需要服务的信息后3分钟内必须给予答复。规则也不等于政策。政策的目的是指导行动，并给执行人员留有酌情处理的余地；而规则虽然也起指导作用，但是在运用规则时，执行人员没有自由处理权。

必须注意的是，就其性质而言，规则和程序均旨在约束思想，因此只有在不需要组织成员使用自由处理权时，才使用规则和程序。

（7）方案（或规划）。体育经纪业务方案是一个综合的计划，它包括目标、政策、程序、规则、任务分配、要采取的步骤、要使用的资源以及为完成既定行动方针所需要的其他因素。一项方案可能很大，也可能很小。通常情况下，一个主要方案（规划）可能需要很多计划支持。在主要计划实施之前，必须把这些支持计划制订出来，并实施。所有这些计划都必须加以协调并确定完成时间。

（8）预算。预算是一份用数字表示预期结果的报表。预算通常是为规划服务的，其本身可能也是一项规划。

上述计划的层次关系可用图 3-1-2 表示：

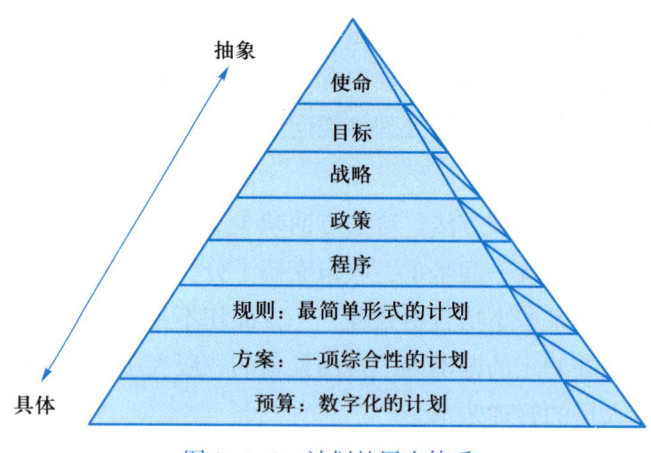

图 3-1-2　计划的层次体系

（三）体育经纪业务活动计划的作用

计划对于顺利执行体育经纪业务活动的过程和引导体育经纪业务最终取得成功具有举足轻重的作用。

1. 工作有的放矢

体育经纪业务活动计划为各项执行工作明确了奋斗的目标，指明了前进的方向，克服了盲目性，提高了自觉性，体育经纪人可以按照计划有条不紊地开展工作。

2. 资源优化配置

体育经纪业务活动计划合理地安排和使用人力、物力、财力，可以避免资源的浪费、无效劳动或重复劳动。

3. 行动有章可循

体育经纪业务活动计划明确了行动的方向和方式，确立了一定的执行标准，体育经纪人可根据计划的各项要求，有效地完成各项工作。

4. 进程有效控制

根据体育经纪业务活动计划，体育经纪人可以随时掌握工作的进程，便于检查任务的完成情况，取得主动权，也便于上级的督促和指导，避免走弯路。

二、体育经纪业务活动计划的目标

目标一般是计划最早确定的事项,甚至是在计划开始之前便属于客观需要,是整个计划工作的制订所围绕的"中心"和最终指向的"靶心"。

"多赢"是体育经纪业务活动的理想目标,因此体育经纪业务活动计划的目标必须为实现多方的共同利益服务。通常考虑的目标包含四个方面:委托方的目标要求、第三方的目标要求、体育经纪运作组织的目标要求、其他组织的目标要求。因此,一个体育经纪业务活动目标不是单一目标,而是由多个目标共同组成的目标集合。

目标的存在,涉及体育经纪业务活动的战略问题。战略本身是一种整合的概念,要充分认识到自身的优势和劣势,也要察觉到所面临的机会和威胁,这样才能够更加准确地设定目标,并且带领团队完成目标。战略管理是指由专门的人来制定和执行战略的过程。有了战略管理的思维,将会更有助于目标的制定、执行和适时修正。目标和效益往往形成因果关系,常常伴随而生,需要同时被考虑。开展一项体育经纪业务,都有其追求的效益,否则很容易迷失方向和动力。如果说目标是体育经纪业务活动所聚焦的内涵,那么效益就是其体现的外延。评估效益,有助于形成目标,二者可谓同属一体的两面。

基于此,以体育赛事经纪为例,当计划打造一项全新的赛事品牌,首先便是要明确目标,诸如这是一项主要由职业运动员参与进行的赛事,还是一项开放社会公众报名参加的赛事?我们目前和未来有多少资源可以投注到此赛事并且为之所用?举办这项赛事可能会遇到的障碍有哪些?促使此赛事可持续性发展的要素有哪些?这项赛事的开展最终可以达到什么效益?以上各方面,都是体育经纪业务活动计划在设定目标时需要综合考虑的。

不同赛事参与主体的目标分析

(一)体育经纪业务活动目标的类型

根据体育经纪业务性质和标的的不同,体育经纪业务活动往往有不同的目标。从效益的角度概括起来,体育经纪业务活动有以下目标:

(1)经济目标。为达到一定的经济收益而组织体育经纪业务活动。该活动在一般情况下是商业活动,它以实现利润为最终目的。例如,某企业赞助 2022 年北京冬季奥运会,它以提高销售额为目的;筹组某个运动俱乐部,建立一支职业球队,不但可以带来门票、广告和转播权等直接收入,更能够扩大其衍生品的收益范围。因此,达到经济目标也是职业运动的重点。

(2)政治目标:为满足一定的政治需要而组织体育经纪业务活动。某些大型体育赛事,代表了国家的体育水平和人民素质,因此体现为政府的形象工程。比如,历届全国运动会便是对中国体育实力的检验,具有运动员考核、选拔等多重目标。

(3)品牌目标。为实现企业的品牌战略而组织体育经纪业务活动。体育是品牌的载体,体育是传播品牌的媒介,体育是创造品牌的机器,体育经纪活动有助于实现企业的品牌战略目标。以体育为载体，塑造体育品牌的成功案例不胜枚举。

（4）形象目标。为塑造一定的符合标准的形象而组织体育经纪业务活动。当今社会，体育运动是全人类的运动，代表激情、进取、拼搏、时尚等各类积极的文化内容，受到全人类的信赖、推崇和尊重，有助于塑造进步的企业形象。例如，太子龙通过举办"太子龙杯全国男篮八强赛"，赞助"亚洲杯足球赛转播""世界顶级足球赛转播""意大利甲级联赛转播"，以及在《体坛周报》特约刊登足球栏目的平面广告等，成功地塑造了太子龙男装年轻、健康、自信、成功的企业形象，得到了社会各界的广泛关注和认可。

（5）娱乐目标。为满足纯粹的休闲娱乐等快乐感、幸福感而组织的体育经纪业务活动。部分体育活动是为了满足各方参与者娱乐的需求，或自娱自乐，或共同联欢。例如，某企业请体育经纪公司为其组织一次体育旅游，至国家足球队训练基地参观并与国家足球队开展一场友谊赛，则纯粹是为员工组织一次全新体验的休闲娱乐活动。

（6）其他目标。体育经纪业务活动的目标还有很多，如促进交流、体育保障、企业福利、商业庆典、筹措资金等。

经常会在计划中体现的体育经纪业务目标有（表3-1-1）：

表 3-1-1　体育经纪业务活动计划的目标参考

目标类别	目标参考
经济类目标	◎ 快速提升销售量，使销售总额翻番 ◎ 实现全年利润总额1亿元 ◎ 提高渠道建设力度，2022年实现全国专卖店网点1 000家 ◎ 实现体育招商目标，为开展体育赛事筹集资金 ◎ 将国内赛事的电视转播推广到海外，扩大转播权带来的收益 ◎ 将体育广告以合适的价格销售给合适的企业 ◎ 体育运动员的转会费在1 000万元的基础上提高10个百分点 ◎ 实现体育运动员的年广告代理费最低300万元 ◎ 扩大体育衍生品的开发，创造更多的利润来源 ◎ 实现体育运动俱乐部的上市融资
政治类目标	◎ 促进国家和地区间的友好合作与交流 ◎ 检验体育训练成果，提高体育运动成绩 ◎ 加强全民健身运动，提高人民身体素质 ◎ 培养体育运动文化，提升体育技术水平
品牌类目标	◎ 提升企业品牌价值 ◎ 广泛传播企业品牌"时尚"的内涵 ◎ 宣传推广企业的品牌理念 ◎ 提高产品的品牌知名度
形象类目标	◎ 借助体育明星的光辉形象，提升企业形象 ◎ 赞助规模较大的体育赛事，展现企业实力形象 ◎ 组织公益性体育活动，提升企业在观众心目中的形象与地位

续表

目标类别	目标参考
娱乐类目标	◎ 组织休闲体育娱乐活动，放松心情，舒展胸怀 ◎ 举办大型趣味性体育活动，组织群众联欢
其他目标	◎ 通过体育活动，与目标消费群体互动沟通 ◎ 引进明星运动员，提升俱乐部的影响力，提高球迷对俱乐部的关注度 ◎ 为填补技术空缺，引进运动员，加强团队的核心战斗力 ◎ 以体育为主题，庆祝企业成立10周年，举行全员联欢活动 ◎ 举办单位之间的体育赛事，加强单位之间的交流 ◎ 举办慈善募捐体育活动，为失学儿童募集资金 ◎ 为运动员购买体育保险，降低运动损伤后的风险

（二）体育经纪业务活动目标的特征

具体执行的体育经纪业务目标要具备三个基本特征：

1. 可以计量

确立的目标不能含糊不清，也不能要求过高，必须可以计量。只有明确而具体的目标才可衡量，而只有可衡量的目标才有可能达到。比如，要组织一场体育赛事，确定300个参赛选手的规模是其中的一个目标，300人是一个可以计量的目标。因此，可以计量，便意味着能够控制预算和风险。

2. 可以规定期限

没有期限，就等于没有目标。期限，有助于衡量目标的进展，激发向目标不断前进的动力。为保证整体工作的推进，不会因某个环节没有达到目标而延误体育经纪业务的进展，目标的确立要规定期限。比如，体育经纪业务推广计划，必须在×月×日之前完成，这就是规定了目标完成的期限。所以，期限的规定是为了落实计划的执行。

3. 可以确定责任者

体育经纪业务计划的目标还必须责任到人，如此方能确保经纪业务的进度。有一家公司，总经理在安排工作时说："明天要和××客户联系一下，看款项什么时候到账。"与会者均点头并记录在会议笔记上。结果第二天没有员工和客户联系，这就是缺少了责任到人的环节。没有做到责任到人，就没有人认为这是自己的事情，或者都认为别人会去做这件事情，结果可想而知。如果没有明确责任者，很可能会导致类似"三个和尚没水喝"的结果，体育经纪业务活动执行起来必然会事倍功半。

总之，具体可执行的目标必须符合以上的基本特征，才能进行实际的操作。

（三）体育经纪业务活动目标的确立

体育经纪业务活动计划的目标多种多样，而且总是同时存在的。为了使目标的主次分明、工作的方向性更加准确，在目标的确立过程中需要注意以下几方面的要求：

1. 提出目标以及目标的最低期望水平

比如，我们谈一个体育广告的发布，如果是以成本管控为原则，事先一定要有可接受的最高价位，100 000元/A版是刊例价，根据不同的情况有6~8折的折扣，那么我们可以确定一个80 000元/A版的心理价位。这个标准一旦建立，我们在谈判的时候就有目标了，尽量往80 000元/A版以下压价，能谈到60 000元/A版甚至更低的价格，自然是最理想的状态。

2. 明确多元目标之间以及主要目标与非主要目标之间的关系

如前所述，体育经纪业务往往同时存在多个目标。在确立目标的过程中，必须理顺这些目标，按主次进行排列。一旦在执行过程中出现偏差，以主要目标的要求为准，其他目标为主要目标服务。例如，举办一项马拉松赛事，如果既想要追求国际水平的竞技目标，又想要达到公众家庭亲子同乐的娱乐目标，这二者兼顾是不容易的，必然要有所取舍，否则在各种资源的配置上都需要依循多套标准，反而模糊了焦点，失去此赛事的特色，不容易凸显此赛事的品牌价值。

3. 权衡目标执行的有利结果和不利结果，制订一个界限

制订目标时要考虑目标执行的结果。结果可能是有利的，也可能是不利的。体育经纪业务活动的目标要为有利的结果和不利的结果制订一个界限。如图3-1-3所示，A点为预先制订的不利结果，B点为预先制订的有利结果。体育经纪业务执行结果的程度超过B点，则属于最佳状态；体育经纪业务执行的结果不及A点，则需要放弃执行，选择修正或改变目标；体育经纪业务执行的结果位于A、B两点之间，则属于一个需要检测的过程，要对体育经纪业务的执行方法进行控制或是增加资源，以达到预先制订的有利结果B点。

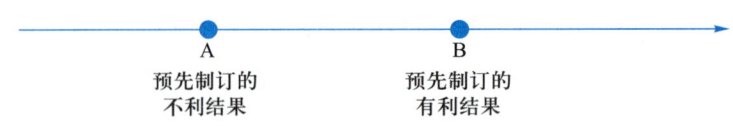

图3-1-3 体育经纪业务活动目标执行结果的界限评判图

4. 保持目标的可操作性

在体育经纪业务活动计划中制订的目标不能太脱离实际，要有实现的可能。如果一个目标制订得太离谱，那便没有任何意义。如果在过程中或者事后发现目标不符合实际需求，则可以善用戴明循环这一质量持续改进模型，及时修正目标，避免重蹈覆辙。

除此之外，还可以借由一些管理工具来确立体育经纪业务活动目标，SWOT分析模型是最常用的工具。SWOT分析模型是一种基础性战略分析工具，由海因茨·韦里克提出，主要通过内部因素（优势和劣势）和外部因素的（机会和威胁），一共四种情境来分析可行性，是企业组织用来制订战略和确定方向的常见手段（表3-1-2）。

表 3-1-2　体育经纪业务活动目标 SWOT 分析模型

Strengths 优势 蹭冬奥会热点，提升品牌价值 具有宣传价值，目标群体参与热情高 众多知名好手参与，比赛观赏性强	Weaknesses 劣势 资源有限，预算不充裕 可供运用的人力不足
Opportunities 机会 国内第一次引进此类运动赛事 市场营销渠道多 回报利益相关方 培育企业产品潜在消费者 可以借此形成品牌赛事	Threats 威胁 可能受到疫情因素的影响 可能受到恐怖攻击因素的影响 竞争对手也可能开展同类活动

三、体育经纪业务活动计划的制订依据

体育经纪业务活动计划制订的依据，可以用 5W、2H、1E 这八项原则来概括。在制订一份计划时，必须审慎思考并注意计划书的思想、内容与架构，是否确实包含了这 5W、2H、1E 的精神与内涵。

（一）What——何事、何目的、何目标

首先要注意的是制作这份计划最核心的目的、目标及主题是什么。一定要非常明确和具体了解该项体育经纪业务活动是什么。当主题、目的、目标确立之后，就可以环绕这个主轴，展开计划书的架构设计、资料搜集、分析评估及撰写工作了。

（二）When——何时（时间计划与安排）

计划书的第二个重点原则是，一定要陈述这些计划的执行时间安排，包括什么时候正式启动，什么时候应该依序完成哪些工作项目，最后全部完成时间大概是何时。

（三）Who——何人（组织、人力、配置）

计划书中，对于将来执行计划的组织、人力和资源配置需求必须说明。这既包括公司内部已有的组织与人力，也包括欲招聘的外部组织及人力。

（四）Where——何地（当地、外地、单一地点、多元地点）

计划书的第四个重点原则是必须对计划执行的具体地点加以说明。即该计划所涉及的地点是在当地还是外地，是单一地点还是多元地点。

（五）Why——为何（产业分析、市场分析、顾客分析、竞争者分析、自我分析、外部环境分析）

在计划书中，经常要问自己很多的 Why（为什么）。唯有能够正确而有力地答复 Why，计划书才不怕别人的挑战和批评。为了答复这一连串的 Why，制订者必须深入地做好产业分析、市场分析、顾客分析、竞争者分析、自我分析、文化分析、科技分析、法律法规分析及外部环境分析等，其关键在于总结背景调查所得的信息。如果能真正掌握这些复杂的分析情报，那么计划书中将对 How（如何实现目标）的问题，更加有自信和较成熟的思路。

（六）How——如何达成

第六个原则是非常重要的，那就是到底要如何陈述、如何实现前面所提到的本计划的主题、目的与目标。在 How 的阶段中，要特别注意以下几点：

第一，你有哪些假设前提？
第二，又有哪些客观的科学数据支持这些假设前提？
第三，这些客观的科学数据的来源及其是如何产生的？
第四，在 How 阶段中，你如何说服别人相信这些想法与做法是可以有效达成的？
第五，在 How 阶段中，你能否展现一些创新与突破，而不是只有传统的做法而已？

（七）How Much——多少预算

任何计划书最终都是要付诸执行的，只要是执行，就一定会有预算出现。因为很多的决策必须依赖最后的数字才能做出。所以，How Much 是一个计划书的表现重点之一。

（八）Evaluation——效益评估

计划书的最后一个重点原则，是必须对项目的效益评估做出说明，以作为结论的引导。效益分为有形效益和无形效益两种。有形效益是可以明确衡量的。例如，营业收入增加、获利增加、市场占有率上升、生产成本下降、顾客满意度上升、品牌知名度上升、形象提升等。无形效益指难以立即呈现在眼前的数据衡量效益。例如，战略上的效益、企业无形资产的增长、社会良好的口碑和认同、体验新的文化等。

四、体育经纪业务活动计划的制订程序

计划的具体内容表现为确立目标和明确达到目标的必要步骤这样一个过程。简单地说，计划要考虑两个核心问题：第一是干什么，第二是怎么干。体育经纪业务活动计划的制订程序，如图 3-1-4 所示。

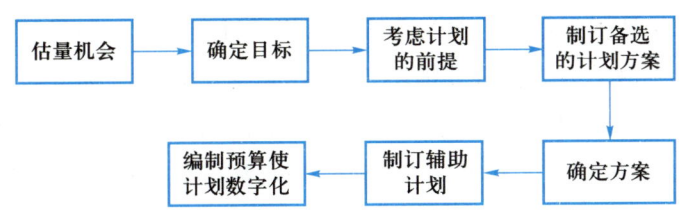

图 3-1-4　体育经纪业务活动计划的制订程序

（一）估量机会

估量机会是体育经纪业务工作的真正起点。它包括对未来可能出现的机会的分析，并按照体育经纪人现有的资源对未来加以展望。估量机会一般从以下几个方面去了解：

1. 体育经纪人（组织）的资源

体育经纪人的资源包括：有多少可利用的人力资源，有多少保证体育经纪业务实施的资金，在体育经纪业务执行区域的影响力如何，可经营操作多大的体育经纪业务，以往的历史操作经验如何，有何历史操作案例可借鉴，与相关单位组织的关系如何等。

2. 委托方的特点和要求

对委托方的情况需要了解：委托方的类型、规模、性质，体育经纪人与委托方的关系，委托方未来发展的潜力，委托方提供的资源及其提出的要求等。

3. 体育经纪人的优势

根据委托方的要求和体育经纪项目的性质，操作此经纪业务活动与竞争对手相比有哪些优势和劣势，能带给委托方哪些"心动"的价值。一般来讲，体育经纪人需要建立一套核心竞争架构。

4. 体育经纪项目的利润

预测体育经纪项目可取得的各方面收益，不仅包括货币利润，而且包括是否有助于提高品牌形象和知名度，是否对未来的业务有提升作用等。

5. 竞争分析和应对策略

列出主要的竞争对手，分析其可能作出的竞争反应，并针对这些可能反应制订应对策略。

6. 战略发展要求

再次重申体育经纪组织或是个人的战略发展要求，确保对于研判、捕捉到的机会是有利的。

估量机会需要翔实充分的背景信息以支撑其分析的基础，一般会通过背景调查来梳理其综合情况。例如，想要和某俱乐部建立体育衍生品的开发和营销合作，必须先掌握充足的信息——该俱乐部现有的类似合作项目属性与内容为何？相关授权条件是否健全？竞争者和竞品的分布情况如何？凭什么我方可以脱颖而出，做得比别人更好？根据我们现有资源的投入所能达到的效益怎么样？这些都需要通过背景调查来取得第一手信息，进行比对分析。例如，Y 公司是体育零售的龙头企业，希望通过赛事举办和明星代言的方式扩大体育营销，最终达到刺激消费以促进业绩增长的目的。Z 公司则宣称手握多项赛事举办权以及多位明星运动员的经纪代理权，理论上，假设 Y 公司并购 Z 公司，则可以达到资源整合的目的。在 Y 公司着手投资之前，估量机会是非常重要的环节，这时背景调查可起到非常重要的作用，特别是对于 Z 公司所展示的那些赛事举办权和运动员经纪代理权，必须再三确认其有效性和合法性，避免造成下一步决策的错误。

（二）确定目标

目标是说明预期的一个成果，它指明了体育经纪活动业务要往哪个方向发展，要什么时候完成，要完成到什么程度。比如，我们要在 2022 年 3 月之前为 ×× 足球俱乐部引进一名世界级的巴西运动员。

目标又分为很多个层次，以上面的运动员经纪为例，为实现这一目标，2021 年 11 月之前该项目体育经纪人要亲自到巴西的各个俱乐部去考察并选定目标球员；12 月之前要整理出球员的资料，并向委托方提供球员的详细资料；2022 年 1 月之前必须向委托方选定的球员所在的巴西各相关足球俱乐部发出转会邀请，并了解详细信息，进行初步谈判；2 月份之前必须确定最终的 3~5 个人选范围，通过谈判基本确定转会费等条件；2022 年 3 月份正式签约，本次转会成功。最终的目标是由这些中间目标的推进而完成的。

（三）考虑计划的前提

计划的前提就是执行体育经纪业务活动计划的假设条件，即执行计划时的预期环境。由于未来的环境是不确定和相当复杂的，所以想要对未来的环境的每一个细节都提出假设是不现实的，也是不经济的。所以，前提的确定只限于那些对计划来说是关键性的或是有策略意义的，即对计划的执行最有影响的那些条件。体育经纪业务的前提主要分为内部前提和外部前提两部分。

外部前提条件又可分为四类：

（1）一般环境。它包括经济、技术、政治、社会和文化等大环境条件。体育经纪人对外部环境的依赖很大。虽然体育经纪人对外部环境无能为力，但是必须明察秋毫，作为计划的前提。

（2）所处的市场现状。它包括委托方对体育经纪业务活动的要求，以及竞争者可能采取的行为。

（3）要素市场变动。如场地租赁价格的变动、劳动力成本的变动、广告价格的变动、制作费用的变动等。

（4）风险因素。主要是一些不能预见、不能避免并且不可克服的客观状况，即不可抗力因素的前置化预防和管理，例如，罢工事件、恐怖主义攻击和重大疫情等。

内部前提条件主要包括：现有的人力、物力、财力及硬件投资设备，经纪业务的案例和经验，体育经纪人在行业内的实力和影响力，以及原有的策略、政策、规划等。

（四）制订备选的计划方案

活动安排、时间计划、人力资源分配计划、后勤支持计划等均在这个阶段初步完成。

体育赛事计划清单

计划中一般应有几个合适的可供选择的方案。对体育经纪人来说，如果一件事情只有一种方法，那么这种方法很可能是错误的，一旦出现错误，其所产生的后果将是无可挽救的。因此，如果想使计划做得更好，考虑多种方法是必需的。选择方案时，体育经纪人往往是通过初步的考察减少备选方案的数目，把注意力集中到最有希望成功的几个方案上去。

（五）确定方案

确定方案是正式通过计划的关键一步，也是实际作出决策的关键一步。在实际操作中，对各种方案分析和评价的结果有时会出现两个或者更多可取的方案，体育经纪人可能决定采取几个行为过程而不只是一个最好的行为过程。在确定方案时一般有三个根据：经验、实验和研究分析。

有经验的体育经纪人认为，他已经做过的事情和曾经犯过的错误能为其未来的工作提供最可靠的指导，在某种程度上确实如此。但是，有时过去的经验可能对新问题完全不适用，因为经验属于过去，而好的计划是根据未来的情况确定的。

实验方法的使用次数并不多，因为实验要模拟一个环境，会付出很多的资金和人力。另外，即使是实验之后，对一种方案的把握也存在异议，因为未来不会是现在情况的简单重复。

因此，选定体育经纪业务活动的计划时，最常用和最有效的方法是研究分析法。用这种方法要对关键的变数、限定条件和前提条件之间的相互关系进行研究。

（六）制订辅助计划

辅助计划是为成功完成体育经纪业务提供帮助的，如专业人才的聘用计划、硬件设备的添置计划、应急处理计划等。特别是应急处理计划，包括安保、急救、防疫、疏散等措施，除了制订辅助计划外，还要进行预演排练，以防万一。

（七）编制预算使计划数字化

体育经纪业务活动的每项工作都应有自己的预算，如交通费用的开支、劳动力支出、广告宣传的预算、设备器械的投入、向客户收取服务费用、价格策略的制订等。这些数据使计划更为精确，如表 3-1-3 所示。

表 3-1-3　广告综合预算表

项目	开支内容	费用	执行时间
市场调研费			
1. 文献调查			
2. 实地调查			
3. 研究分析			
广告设计费			
1. 报纸			
2. 杂志			
3. 电视			
4. 电台广播			
5. 自媒体			
6. 其他			
广告制作费			
1. 印刷费			
2. 摄制费			
3. 工程费			
4. 时段占用费			
5. 其他			
广告媒介租金			
1. 报纸			
2. 电视			
3. 电台			
4. 杂志			
5. 自媒体平台			
6. 其他			
促销与公关费			
1. 促销			
① 市场 A			
② 市场 B			
③ 市场 C			
2. 公关			
3. 跨界合作			
其他费用			
机动费用			
其他杂费开支			
管理费用			
总计			

第二节 文案撰写

构想是存于脑子里的,那么如何展现呢?只有通过文案。工作人员根据什么来执行,从而完成一项系统的体育经纪业务工作呢?只有通过学习并执行文案上的各项工作,以共同完成目标任务。体育经纪业务活动所涉及的商务文案主要是策划类文案,本节主要介绍策划类文案的内容和类型。

一、体育经纪商务文案的内容与类型

文案撰写是方案构想的落实和具体化,强调所谓的"落地性",必须是切实可行的。体育经纪商务文案的内容和类型是多元的,能够根据不同的需求和适用场景,选择并撰写符合需求的体育经纪商务文案,是体育经纪人执业的基本功。

(一)体育经纪商务文案的内容

在体育经纪业务活动过程中涉及的商务文案是多种多样的,它是指体育经纪人在商务活动过程中形成的文本,包括体育经纪项目战略性文案、体育经纪公司管理公文、体育经纪项目策划类文案等。但是,其基本的内容却是相同的,或者是相近的。体育经纪业务活动的文案大体涵盖了以下八个方面的内容和要素:

(1)体育经纪项目的目标和概况。
(2)体育经纪项目涉及的相关人员。
(3)体育经纪项目实施的场所或地点。
(4)体育经纪项目实施的时间。
(5)体育经纪项目开展的缘由和背景。
(6)体育经纪项目的运作方法和运转实施。
(7)体育经纪项目的总体预算。
(8)体育经纪项目的预测结果和效益。

(二)体育经纪商务文案的类型

1. 体育经纪策划文案

体育经纪策划文案包括体育经纪项目商业计划书、体育经纪项目投资(融资)计划书、体育经纪项目全案营销方案、体育经纪项目市场推广方案、体育经纪业务促销企划方案、体育产品开发企划案、体育经纪业务公共关系策划方案、体育经纪业务商务谈判方案、体育经纪业务广告策划书、体育经纪业务广告主题文案、体育经纪业务媒介计划书、体育经纪业务赞助计划书、体育经纪业务活动应急方案、体育经纪业务后勤保障方案、体

育经纪业务部门协调计划等。

2. 常用体育报告文案

包括体育经纪项目建议书、体育经纪项目合作意向书、体育经纪项目可行性研究报告、体育经纪项目商业调查问卷、体育经纪项目竞争对手调查报告、体育经纪项目市场调查报告、体育经纪项目市场预测报告、体育经纪项目市场决策报告、体育经纪项目市场环境分析报告、体育经纪项目投资价值分析报告等。从广义来看，和开展体育经纪业务活动有关的法律文件，包括合同、授权书、声明书、证明书等，也属于此类。

3. 体育公关与传播文案、启事文案

包括体育商务活动文案、体育庆典活动方案、体育招商说明书、体育经纪公司介绍书、体育经纪公司董事长（总经理或团队主要成员）介绍、体育经纪活动软性新闻、体育活动欢迎辞、答谢辞、祝酒辞、贺词（贺信）等。

4. 体育经纪商务往来信函文案

包括体育经纪活动中往来的信件、邀请函、通告、感谢信、介绍信等。

二、商务文案基本框架的设计

一个结构完整的策划文案，可以给人专业的、负责的、可信的印象，进而达到促进体育经纪业务活动推进的目的；一个结构不完整的策划文案，往往只能给人一个非专业的、不负责任和不可信的印象。因此，了解策划文案的标准写法是很重要的。规范性文本方案结构，有助于表现专业性；框架性内容提纲，则有助于方案撰写的思考条理，避免出现思维遗漏或文本缺失。

策划文案一般由封面、策划小组名单、前言、目录、正文内容以及附录等几部分组成。

（一）封面

一份完整的营销策划文案文本，通常会有个版面精美、要素齐备的封面，以给阅读者留下美好的第一印象。封面并非不可或缺，有的策划文案只有一两页纸，因其篇幅短，封面就常被省略。但在一般情况下，封面还是营销策划文案中的一个要素，其表现方法常有以下情况：

（1）只用文字表现。

（2）将文字用格子框起来，使其更醒目。

（3）配上与策划内容相呼应的照片、插图等，还有主办单位的标志，以加深人们的印象。

此外，标题的文字表现也有一定的讲究。是用"提问型"的标题，还是用"解说型"的标题需要根据内容进行推敲。所谓提问型，一般用的是疑问句型，如"采用什么方式可以使营业单位的业绩提升30%"；而解说型则多使用陈述句型，如"提升营业单位业绩

十八招"。

如果商务文案采取实体印刷的方式，则还要一并考虑装订形式的问题。如果页数少，可以采取骑马钉、夹边条或圈装等方式；如果页数较多，或者为了慎重起见，可以选择胶装甚至精装。材质和色彩选择必须符合这项体育经纪业务活动的属性，吸引人们的眼球，策划文案本身就是为了达到促使他人感兴趣的目的，封面所带来的第一印象对于项目的推动至关重要。

近年来，由于电子产品的普及，以及办公数字化设备的升级，商务文案越来越趋向直接以电子文档形式呈现和传递，通过 Microsoft Office PowerPoint（通常被简称为 PPT）软件所制作的简报文档格式或其他类似格式，渐渐成为主流。随着移动通信网络的发展，以 HTML5 或称 H5 格式制作的商务文案也越来越多，而且和人们的互动性更强。此外，还可以考虑与简报、路演和直播等复合场景的搭配应用。

（二）策划小组名单

在策划文本中提供策划小组成员名单，其作用如下：
（1）可以向委托人或上级展示策划动作的正规化程度。
（2）通过介绍策划参与者的职级头衔，可以给人一种权威感或信任感。
（3）可以表示策划者对策划结果负责的态度。
（4）将工作人员在策划中承担的任务及其组织关系系统而明确地记载下来，有利于今后的操作执行。
（5）可以使阅读者对策划文案的整体内容更加容易把握。

一般策划文案的参与人员包括：
（1）委托策划人。责任人或上级单位。
（2）参与工作人。制作人、主持人。
（3）专家团。特别顾问、特邀专家。

通常，在提交策划小组名单时，根据篇幅条件，可以提供策划小组成员简介，以促进人们对于此项体育经纪业务活动推进团队的了解。要注意的是，成员简介的篇幅不宜过多，非相关领域的经历不需要列举过多，以免适得其反。

（三）前言

正规的策划文案在最前面总有一个前言。它的内容一般包括致辞、感谢语、策划者的态度等内容。此页与主题关系不大，属于礼节性的致词。但是，正如我们看杂志专栏文章一样，最初两三行内容的好坏便决定了人们是否愿意继续读下去。前言也是如此，它是传达策划文案要旨的首页，策划文案多半由于前言部分的致词而给人以第一印象。因此，有经验的策划人都会下功夫写好前言。

如果商务文件篇幅很小的话，前言可以视情况省略。

（四）目录

在策划文案目录中，应列举策划文案各个部分的标题，必要时还应该将各个部分的联系以简明的图表体现出来，这样做一方面可以使策划文案文本显得正式、规范，另一方面也可以使阅读者能够根据目录方便地找到想要阅读的内容。

此外，策划文案能不能做好，取决于该策划文案的逻辑结构，亦即展开的顺序是否清晰。而目录的编写犹如将逻辑结构逐条罗列出来，一旦罗列，其效果的好坏便可一目了然。有时，你会发现，将某一部分安排的前后顺序做一个调整会使表述更加有效。从这个意义上说，目录的制作便是一项很重要的工作。

（五）正文内容

在正文中，应该说明策划的目的、执行过程、使用的主要方法等，以使得策划审核人可以对策划文案有一个全面的了解。

1. 策划环境

策划文案首先起始于对现状的观察，并从中发现存在的问题与矛盾。对于一家体育经纪公司而言，一般包括如下几点：团队管理存在的问题、营销员业务提升过程中遇到的问题、增员过程中存在的问题、产品宣传中存在的问题等。

在市场营销策划中，策划背景是十分重要的内容。一般策划背景应有如下内容：

（1）市场情况分析。

（2）消费者分析。

（3）竞争状况分析。

（4）威胁与机会、优势与劣势分析（一般可直接使用SWOT模型进行分析）。

（5）政策背景和法律依据说明。

2. 策划目的

明确地提出一个策划的目的。例如，策划的目的是"提升部门月度总业绩"，还是"提升人均业绩水平"，就是两个不同的概念。目的不一定是单一的，但是目的和目的之间必须具有关联性，不能是相互矛盾的。

此外，提出策划目的之前，通常需要对相关内容进行背景调查，收集足够数量的信息以供判断，才能形成一个具体、明确、可行的目的。

3. 策划意图

策划意图是对策划目的的进一步说明。它包括：

一是营销目标设定，包括财务目标和营销目标。前者包括长期稳定的投资效益和近期希望获得的利润；后者包括总销售量、市场占有率、消费者对品牌的认知度等。

二是概念的形成，为了让人理解策划内容，以简单明了的话语来表现策划的全貌，也就是策划的方针。

4. 策划内容

策划内容是指实现策划目的的具体行动方案。策划内容有两种类型：一种是由单一项目组成的，另一种则是由多个项目组成的。事实上，一般策划的整体内容，可以看作是由若干个次级内容组成的，或者说，整体内容是可以分解成若干个次级内容的。在表现形式上，策划文案的内容可以用文字表现，也可以用图形、表格等将相关内容和数据进行可视化呈现。在一般情况下，通过可视化处理的数据，可以为策划审核人减负，同时对策划文案好感度也会增加，进而提升促成业务的可能性。

在策划内容中，一般要提出具体的营销策略和实施计划。其中，营销策略要具有一定的创意性；而实施计划则要包括营销的具体执行方法、时间、人员、费用、步骤等实际的行动性内容。策划的原则，一般包括可行性原则，创新性原则，无定式原则，价值性原则，集中性原则，智能放大原则，信息性原则。

策划是以人类的实践活动为发展条件，以人类的智能创造为动力，随着人类实践活动的逐步发展与智能水平的超越发展完成的，策划水平直接体现了社会的发展水平。体育经纪活动策划是一门新兴的策划学研究课题，是以具体的体育活动为对象，体现一定的功利性、社会性、创造性、时效性和超前性的大型策划活动。

5. 策划效果

任何具有投资性质的企业行为，都是为了获得回报。如果一项体育经纪活动策划下来，经过结算，没有任何回报，则很有可能不会得到上层人士的认可。为了使策划实施后，能够得到应有的回报，必须牢记策划的目的是什么。而且，还需要将策划的效果明确地记录在策划文案中。附有效果评估的策划文案大多给人以更加深刻、完整和客观的印象。

6. 策划预算

如果策划文案中没有记述投资预算，那么即使策划内容得以通过，也很难将其付诸实施。预算的构成因素包括以下几个方面：

（1）策划活动的总额预算。

（2）各个分项活动预算。

（3）单一分项活动中不同作业项目预算。

（4）固定费用和可变费用的区别。

（5）预算的执行和控制方式。

其余几点大家都很明白，关于第三点，如在策划活动中要用到宣传画册，那么宣传画册的制作费用就会有许多具体内容。其中主要的有摄影费、模特费、平面设计费、印刷费等不同的费用支出项目。

7. 策划日程

策划日程也是策划文案实施细则中不可缺少的部分。将日程的构成要素列举出来，应有以下几点：策划活动需要的总天数，活动开始时间，活动结束时间，各个作业项目分别为多少天。

实际进入实施阶段后，会面临一些难以预料的问题，而要解决这些问题需要花费宝贵的时间。因此，对于上述可能性的项目要明确加以说明，或者在个别项目各自所需天数中插入一些预备日，以确保各个作业在总天数中有宽裕的部分。另外，表示个别项目作业有多种表现方法，如表 3-2-1 那样将日程视觉化。

表 3-2-1　日程视觉化操作表

	第一周	第二周	第三周	第四周	第五周	第六周
作业 A	→					
作业 B	→					
作业 C		→				
作业 D			→			
作业 E			→			
作业 F				→		
作业 G						→

8. 实施督导（控制）

实施督导部分要对计划的实施过程进行前期预测分析，并就可能出现的问题制订一些应对方案。

（1）策划效果预测。

（2）实施注意事项。

（3）实施过程中的信息反馈、实时应变调整、可选择性方案。

（4）风险评估以及规避风险的对策：应急方案。

（六）附录

与方案有关的基础性数据资料、事件事例、补充说明文字、设计图文等可以收录在附录中。基础性资料和参考事例是方案的重要资料。进一步说，附有大量的基础资料和参考资料，会带来一种心理效应，使人觉得这份策划案具有一定的权威性。但是，如果基础资料和参考资料的数量较多，将其插入方案正文之中，难免会使表现形式显得冗长而繁杂，策划的逻辑亦被中断或打乱。因此，原则上应将这些资料添加在附页或另册中。

另外，为了加速促成体育经纪业务活动，也可以根据情况，将有关的意向书、合同、授权书、证明书等法律文件的示范文本列入附件中，减少合作各方在法务层面的沟通成本，也可以体现出"有备而来"的效果。请注意，一旦体育经纪业务活动准备进入签订合同的阶段，则可以反过来将策划文案的主要内容作为合同的附件，可以在合同本文约定内容不明确时，发挥辅助功用。

相关链接

附 件 内 容

1. 相关政府工作报告或协会管理文件。
2. 有关批文、文件等。
3. 过往案例、相关成绩、数据说明等文件。
4. 公司介绍、资质证明、荣誉证书等文件。
5. 问卷调查的调查原件,访谈的主要笔录等。
6. 媒体的比较分析报告。
7. 相关设计稿件:商标、广告等。
8. 新闻稿件软文。
9. 法律文件。
10. 其他文件。

(七)策划方案的表现形式

策划方案是一份高度理论化又具有可执行性的文件,它包括市场分析、规划、执行方法、控制方法等内容,必须将它们按照一定的内在逻辑顺序和丰富的表现手法有机结合起来。策划方案的表现形式,一般来说除了文字以外,框图、数字、图片在特定的情况下都是必要的表现手法。

1. 文字

文字用于对方案的各种概念、状况、策略等加以说明。文字表述是方案最基本的表现手法,它是我们以后要说明的表格表现手法的支柱,也是数据表现及插图表现的补充。

文字表述总的原则是使读者易于理解所表达的策划内容。基本要求是:

(1)文体统一。在整个方案中前后文体必须统一,避免出现使用口语化词语或滥用敬语的情况。

(2)文字简洁。简洁在文字表现中非常重要。第一,一段文字最好控制在 50~60 字;第二,最好能将文字内容分条列出。

(3)结论明确。方案中应避免出现内容含糊、态度暧昧的表述。例如,文中出现"也许……""可能……""好像……""我想大概……"等,容易给人留下缺乏自信或过于主观的印象。

(4)用语统一。方案中要注意某一相似含义的词语却出现不同的用语表达。例如,出现"课题""项目""主题"的混用,"目标""目的"的混用,"企划""策划""计划"的混用等。此外,专用名词更要注意用语上的一致性,避免出现过多的简称,简称第一次出现时可以根据情况进行简要说明。

（5）顺序记述。按一定的逻辑关系顺序记述的文字是比较容易理解的。策划方案一般可按内容逻辑顺序或时间顺序来归纳文字。

（6）数字使用方法统一：数字表达有中文大写、阿拉伯数字以及加括号或加圆圈等多种表达方法。在使用时，应预先确定好使用规则，特别是与方案内容相关的章节、目录等内容的数字表达，这直接关系到方案中各个内容之间的并列或承接关系，务必准确统一。

2. 框图

框图包含"用图来理解"以及"用图来说明"两个含义。因此，它也是将图形与文字二者结合的表现形式。逻辑清晰，表述明朗，视觉美观，是框图制作的原则。

采用框图表现手法的主要目的是更好地表现方案的整体结构及方案内容相互间的逻辑关系，从而使阅读者更好地、更容易地理解方案的内容。画框图的工作程序分以下几步：

第一步：整理资料。把握各内容的内在逻辑联系，将要传递的内容分条列出，主要的归类内容列出标题。

第二步：决定框图的大小和位置，并将各框图用箭头连接起来，以明确相互之间的关系。

第三步：将条理化的信息记入图框中并列出标题。根据资料多少，将无法写入图框中的内容剔除。

第四步：修改图框。考虑整个图框之后，重新修改图框的组合方式及形式。另外，标题较重要的部分可改变字体或加上网格及下划线等，见表3-2-2、表3-2-3。

表 3-2-2　框图中的各种构图要素的使用说明

构成要素	特征及使用方法
直线	有粗细、实虚之分
箭头	主要用于表示各方案内容的展开及逻辑关系。在一个图形中，箭头的形状和大小应保持一致
网格	对方案内容的要点或重点加上网格，可引起读者的注意
阴影	一般在特别想强调的地方使用。阴影的幅度和浓度可以选择，但不要同时使用多种。一般在标题、重点说明对象等需要捕捉读者视线的地方使用，以提高视觉效果
标记符号	主要用于标题或分列出的字前头，其目的是引导读者阅读，说明内容的次序和轻重。各种标记符号的使用应视具体情况而定
颜色	可通过不同的颜色来区分方案内容之间的关系，通过颜色的饱和度来区分内容的重要程度等

表 3-2-3　框图目录编制示例

某某赛事开发方案

第一部分：赛事营销的整体思路
第二部分：赛事开发环境调查
　　　　　01 宏观赛事环境分析
　　　　　02 赛事开发项目竞争分析
　　　　　03 赛事消费群结构分析
　　　　　04 项目开发资源分析
　　　　　05 媒体投资效果分析
第三部分：赛事开发计划
　　　　　01 赛事开发时间计划
　　　　　02 组织管理和人事计划
　　　　　03 融资策略和计划
　　　　　04 市场推广计划
　　　　　05 赛事市场开发计划
第四部分：赛事执行明细
　　　　　01 赛事筹备、管理与执行等各项安排计划
　　　　　02 参赛组织与运动员安排
第五部分：赛事开发费用预算

3. 数字

数字主要通过数据图表呈现。若能将一组或多组数据转化为图形，则可以更好地理解数据的内涵。在策划方案中，柱形图、饼图和折线图用得比较多，而其他图形的使用相对较少。需要特别注意的是，雷达图虽然使用较少，但它对于分析目标对象的长处、短处以及特性方面还是非常便利的。

制作数据图表的关键不仅是表现策划文案的特点，更重要的是图表能有助于对数据的理解，即通过图表能使数据特征一目了然。

4. 图片

目前，信息传递的重点已经逐渐由文字表现向视觉表现方向发展。借助图片等视觉化元素，往往能将一个用文字表现的复杂意思更简洁明了地表现出来。

策划方案的图片一般有四种：

一是插图：插图可选用绘画、漫画、卡通等各种手法来表现。

二是设计图和透视图：这里所说的设计图就是将商品或宣传的形象描绘出来；而透视图则将诸如设施的完成结果，或集会的实际布置等内容用透视的手法描绘出来。

下面我们来看一个活动的平面布置、三维透视和效果图，见图 3-2-1、图 3-2-2、图 3-2-3。

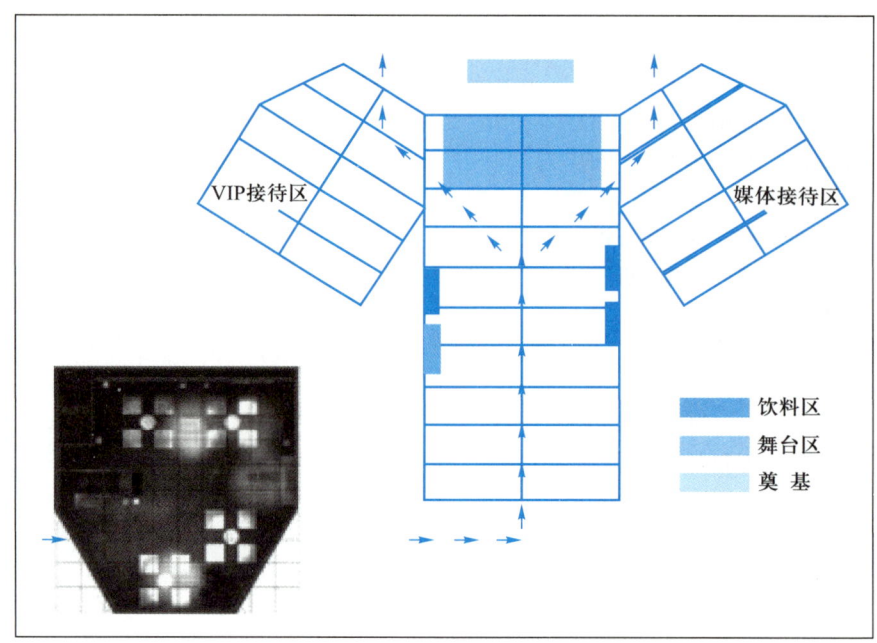

图 3-2-1　活动现场平面布置图

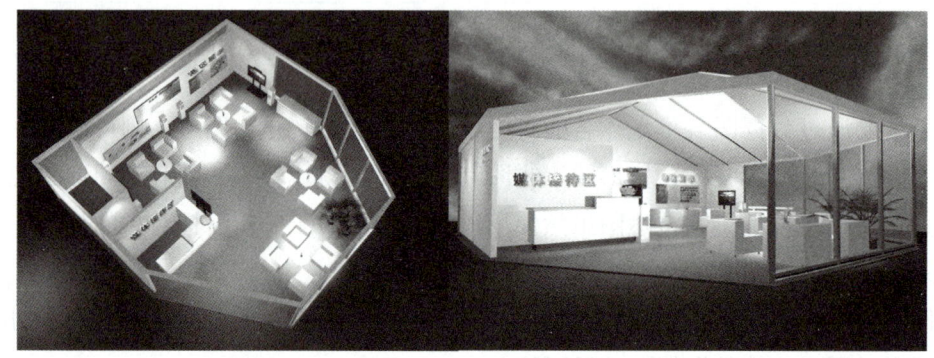

图 3-2-2　活动现场三维透视图

图 3-2-3　活动现场效果图

三是照片：将实实在在的人、物及设施以实景拍摄的形式表现出来。

四是拼贴画：把照片或印刷物剪切拼贴起来，成为一个新的图片，展示一个新的形象或实际效果。

（八）策划方案的报告形式

策划方案需要向客户或内部人员报告，为了更生动活泼地呈现方案的内容，使更多人了解方案的实质，其报告的形式越来越丰富。

（1）文本报告书。传统的报告形式，除打印稿外，还有电子稿。

（2）PPT多媒体文件。最简单的多媒体策划方案制作方式，可加入动态效果和影音。

（3）视频。更直观、更全面地解说策划方案。

（4）网页、直播。基于移动通信网络，以电子设备为传播载体，可以搭建在多种新型媒体平台上，优点是便于阅览、收看和传播，而且互动性比较强。

附件："××杯"20××年国际奥委会体育摄影比赛方案（中国区）（草案）

北京××体育文化发展有限公司
中国体育报业总社大型活动中心
北京奥林匹克文化促进会
二〇××年×月

目　　录

- 赛事简介…………………………………………………………………………1
- 赛事策略…………………………………………………………………………2
- 赛事执行…………………………………………………………………………3
- 权益回报…………………………………………………………………………4
- 赞助标的…………………………………………………………………………5
- 执行团队…………………………………………………………………………6
- 附件………………………………………………………………………………7

一、赛事简介

1. 赛事概况

- 赛事名称："××杯"国际奥委会体育摄影大赛（中国区）。
- 赛事主题："奥林匹克精彩瞬间"。

- 赛事内容：通过体育与文化弘扬奥林匹克精神、展现奥林匹克文化。
- 赛事时间：20××年×月×日~×月×日。
- 赛事范围：全国若干重点城市（1+5）。
- 赛事分组：数码照片组、手机照片组。
- 主题要求：参赛作品应展现体育、奥林匹克与文化的结合。
- 作品要求：参赛作品应为20××年×月×日至20××年×月×日间拍摄。
- 投稿时间：20××年×月×日~×月×日。

2. 组织机构
- 主办单位：中国奥委会新闻委员会、中央电视台体育频道。
- 承办单位：北京××体育文化发展有限公司、中国体育报业总社大型活动中心、北京奥林匹克文化促进会。
- 特别支持：中国摄影家协会、中国体育摄影学会、中国艺术摄影协会、共青团北京市委大学部。
- 协办单位：××××机构。
- 赞助企业：××××公司。
- 媒体支持：中国体育报业总社、体坛周报。
- 工作机构："摄影大赛"组委会。

3. 赛事背景
- 20××年奥运会是当今和未来三年内全社会关注的焦点。
- 促进体育与文化的结合是顾拜旦男爵的心愿。
- 市场开发规则约束，使国内众多优秀企业无法参与奥运营销。
- ×××摄影比赛是20××年奥运周期内屈指可数的、自由的奥运营销机会之一。
- ×××摄影比赛是促进体育、奥运与文化相结合的优良载体。
- ×××摄影比赛能够借助奥林匹克品牌宣传企业、提升企业形象，吸引目标群体高度关注。
- 摄影比赛的目标群体覆盖全社会。

4. 赛事目标
- 激发公众对体育、奥运及摄影的热情，并使之惠及企业品牌。
- 弘扬奥林匹克精神。
- 传播奥林匹克文化。
- 提升企业品牌形象。
- 企业与用户建立感情纽带。
- 提高品牌市场亲和力。
- 促进销售。

5. 赛事分析

S：Strengths 优势	W：Weaknesses 劣势
◎ 与奥运关联，提升品牌价值 ◎ 属社会热点，目标群体参与热情高 ◎ 权威机构参与评比，比赛权威性高 ◎ 赛事门槛低，方便目标群体参与	◎ 受宣传资金制约，推广力度可能不足
O：Opportunities 机会	T：Threats 威胁
◎ 市场开发只受 IOC（International Olympic Committee，国际奥林匹克委员会）TOP 类别约束 ◎ 把握市场先机 ◎ 回报利益相关方 ◎ 培育企业产品潜在消费者 ◎ 借助奥运关联可形成品牌赛事	◎ 竞争对手也可能开展同类活动

二、赛事策略

1. 发挥优势

- 重点宣传赛事与奥运的关联。
- 借奥运会机遇点燃目标群体参赛热情。
- 邀请权威机构和专家参与作品评选，做到公平、公正、公开。
- 设置多个组别，吸引从专业到业余、从相机到手机的全部摄影爱好者。
- 利用网络优势，将比赛推广到全国。

2. 把握机会

- 本赛事市场开发只受类别约束，不受赞助约束，合作空间广阔。
- 将比赛与企业营销战略紧密结合，把握市场先机。
- 比赛设置数码照片、手机照片组，降低参赛门槛，扩大参与范围，重点吸引目标群体。
- 奥运品牌正面、积极，认知度高，号召力极强。
- 借力共青团系统，面向大学、学生社团，深度推广赛事及企业。
- 借助奥运品牌提升企业品牌，回报利益相关方。
- 将本次比赛发展为传统赛事，连续举办三年，不断掀起高潮。

3. 克服劣势

- 根据赛事规模，投入相应资金，加大推广力度。
- 挖掘赛事与奥运的关联，吸引媒体及目标群体关注。
- 以网络平台为主，辅以电视、报刊等各类媒体为赛事量身打造互动平台，使赛事信息方便、快捷地直达目标群体。
- 合作单位全力支持！

4. 规避威胁
- 赛事与奥运的关联是击败竞争对手的关键。
- 赛事内容创新,全面领先。

5. 体验营销(图3-2-4)

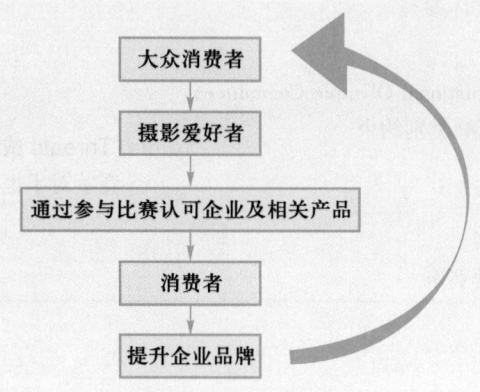

图 3-2-4 体验营销

- 以赛事为舞台,以参赛者(目标群体)为中心。
- 通过与奥运相关联,激发参赛者(目标群体)的参与热情。
- 通过参赛者(目标群体)的体验,推广产品。

三、赛事执行

1. 赛事宣传

(1)整体规划(图3-2-5)

(2)覆盖群体(图3-2-6)

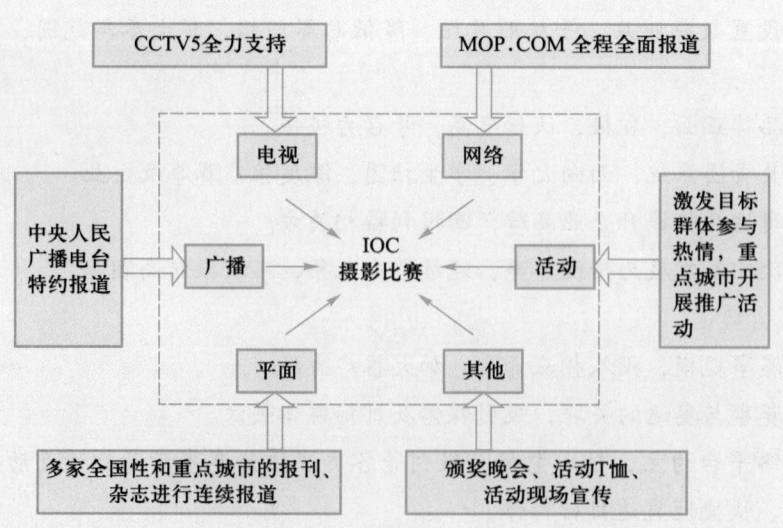

图 3-2-5 整体规划

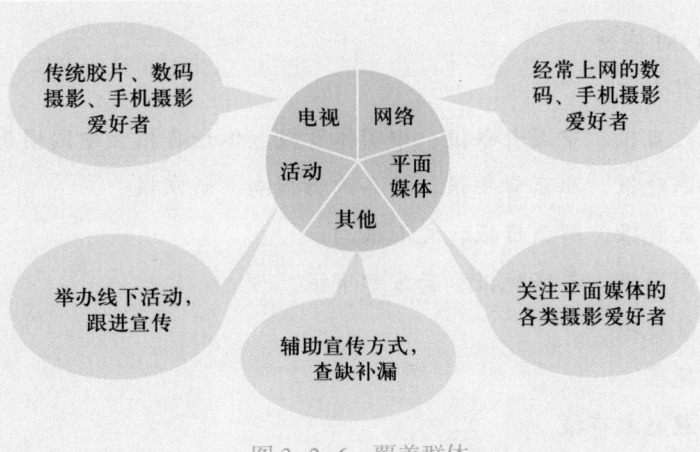

图 3-2-6 覆盖群体

（3）预期效果

类别	项目	影响范围	总影响/人次	价值/万元
媒体宣传	CCTV5	全国范围	3.3 亿	652.5
	平面	全国范围	1.7 亿	933.29
	广播	全国范围	500 万	100
网络宣传	MOP.COM	全球范围	18 亿	6 000
	其他网站	全球范围	1 000 万	2
现场宣传	推广活动	—	现场 1 万	70
	T恤衫广告	—	沿途及活动城市 2 万	140
	活动海报	—	150 万	300
总体影响范围		全国范围	约 23.2 亿	819 779

（4）网络宣传

开设赛事网站：

- 作为官方网站，全面报道赛事。
- 作为独家网络报名入口，聚拢所有人气。
- 设立网络、手机大众评选平台。
- 设立网络展览平台，展出优秀作品。

（5）中央电视台体育频道

中央电视台体育频道全力支持：

- 直播颁奖晚会。
- 新闻节目报道。
- 电视广告宣传。
- 企业代表专访。

- CCTV.COM 宣传。

（6）平面媒体
- 全国：人民日报、中国青年报、中国体育报、体坛日报、中国摄影报。
- 北京：北京晚报、北京青年报、精品购物指南、新京报。
- 上海：新民晚报、解放日报、文汇报。
- 广州：广州日报、羊城晚报、南方都市报。
- 沈阳：辽沈晚报。
- 天津：今晚报。
- 秦皇岛：燕赵都市报。
- 青岛：半岛都市报。
- 杂志：中国摄影、大众摄影、时尚、目标、生活速递、瑞丽、城市画报。

（7）推广活动及其他
- 赛事宣传活动。
- 校园推广活动。
- 新闻发布活动。
- 赛事颁奖活动。
- 活动 T 恤宣传。
- 广播电台宣传。

2. 赛事规划

（1）比赛分组

主题	中国区奖励类别	奖励方式	提交 IOC 数量（最多）	IOC 奖励方式
体育赛事、大型活动类	一等奖：1 名 二等奖：1 名 三等奖：1 名 提名奖：8 名	5 000 元及奖杯 2 000 元及奖杯 1 000 元及奖杯 证书	3 幅	如果作品提交 IOC 后获奖，将可能获得以下奖励： 每组各设 8 个奖项： 一等奖：3 000 美元及奖杯 二等奖：2 000 美元及奖杯 三等奖：1 000 美元及奖杯 5 名优秀奖：获奖证书 获奖者将赴瑞士洛桑参加 IOC 颁奖典礼
新闻纪实类	一等奖：2 名 二等奖：4 名 三等奖：6 名 提名奖：8 名	5 000 元及奖杯 2 000 元及奖杯 1 000 元及奖杯 证书	12 幅	
个人肖像、插图摄影、概念摄影类	一等奖：1 名 二等奖：2 名 三等奖：3 名 提名奖：8 名	5 000 元及奖杯 2 000 元及奖杯 1 000 元及奖杯 证书	6 幅	

备注：在中国区比赛中，前三名将参加 IOC 于 2007 年举办的 IOC 全球体育摄影比赛评奖

（2）数码、手机组

主题	中国区奖励类别	奖励方式	备注
体育赛事、大型活动类	一等奖：1 名 二等奖：2 名 三等奖：3 名 提名奖：5 名	5 000 元及奖杯 2 000 元及奖杯 1 000 元及奖杯 证书	
新闻纪实类	一等奖：1 名 二等奖：2 名 三等奖：3 名 提名奖：5 名	5 000 元及奖杯 2 000 元及奖杯 1 000 元及奖杯 证书	数码组和手机组分别评奖：除颁发奖金和奖杯外，赛事组委会还将在全国各城市及高校举办所有类别的优秀作品展览
个人肖像、插图摄影、概念摄影类	一等奖：1 名 二等奖：2 名 三等奖：3 名 提名奖：5 名	5 000 元及奖杯 2 000 元及奖杯 1 000 元及奖杯 证书	

（3）赛事流程（图 3-2-7）

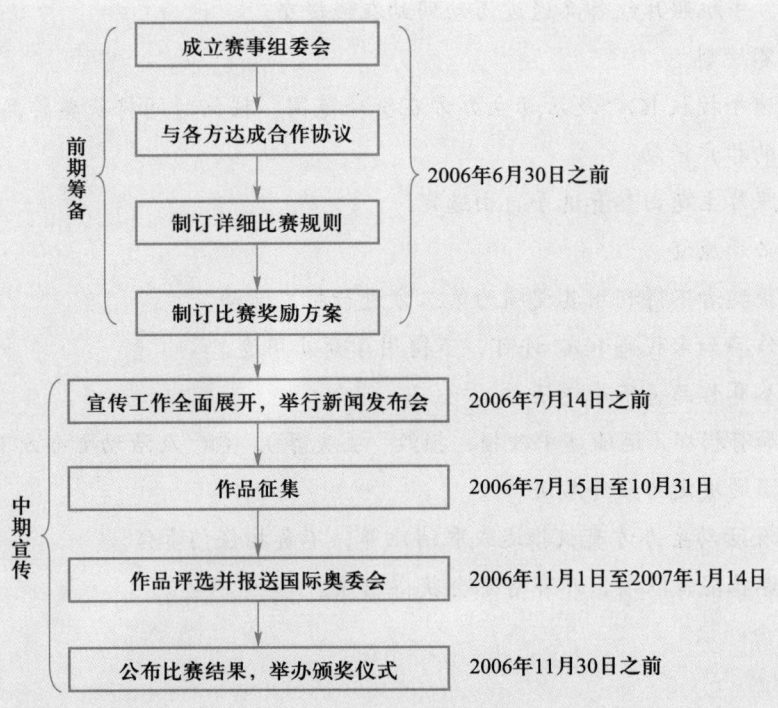

图 3-2-7　赛事流程

（4）运行流程（图 3-2-8）

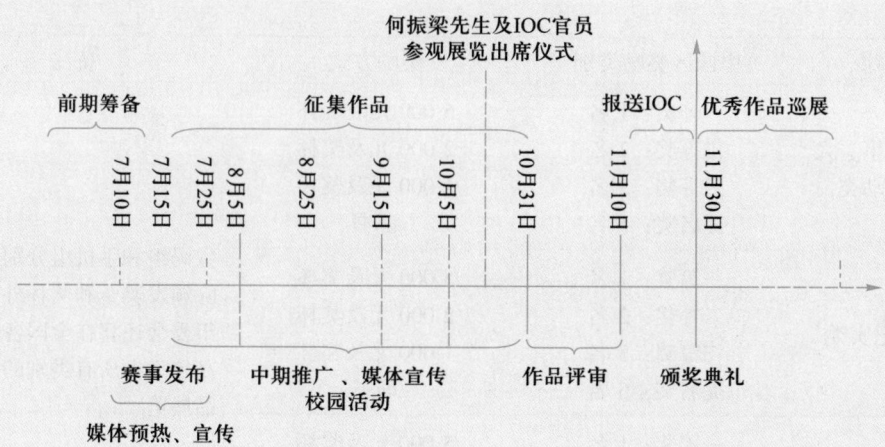

图 3-2-8　运行流程

（5）参赛办法
- 凡是体现比赛主题的摄影作品均可参加。参赛有关事宜，可进入活动专题网站查询。
- 比赛面向全社会摄影爱好者。所有参赛者需按要求在线填写参赛作品登记表，并承诺遵守比赛规则。
- 数码、手机照片组作品通过活动网站在线提交。

（6）参赛规则
- 获奖选手授权 IOC 及活动主办方在全球范围、任何时间将获奖作品无偿用于奥林匹克运动的推广活动。
- 参赛照片主题由参赛选手自由选定。
- 作品必须原创。
- 比赛获奖者不得利用其奖项为第三方进行推广活动。
- 获奖作品如未获得 IOC 许可，不得用于商业用途。
- 所有参赛作品将不予退还。
- 作品如有损坏（运输途中破损、损毁、丢失等），IOC 及活动主办方不承担责任。
- 评判团的决定为最终裁决。
- IOC 及活动主办方有权推迟或取消比赛，不负担任何责任。
- 如比赛推迟或取消，参赛者不会获得赔偿。

四、权益回报

1. 活动冠名权

"××杯" 20××年国际奥委会体育摄影比赛（中国区）。

2. 活动礼遇权
- 企业代表担任组委会名誉主任。

- 企业代表二人参与新闻发布会。
- 企业代表二人出席颁奖典礼，并为获奖者颁奖。
- 企业获得颁奖典礼 VIP 门票 10 张。
- 企业获得颁奖典礼普通门票 30 张。

3. 媒体宣传权

电视：中央电视台体育频道
- 早中晚体育新闻三次播报赛事新闻发布会及企业，共 45 秒。
- 早中晚体育新闻三次播报赛事颁奖典礼及企业，共 45 秒。
- 早中晚赛事宣传及企业 15 秒广告连续 15 天，共 225 秒。
- 中央电视台体育频道赛事颁奖典礼及企业 1 个小时广告，共 3 600 秒。
- 企业名称及 LOGO 出现在所有宣传中。

网络：
- 作为赛事官方网站。
- 作为独家网络报名入口。
- 设立网络、手机大众评选平台。
- 设立网络展览平台，展出优秀作品。

平面媒体：
- 20 种以上主流报纸及杂志宣传赛事及企业，共计见报 410 次。
- 赛事中期发布软文宣传赛事及企业。
- 安排主流媒体专访企业代表。

4. 新闻发布会
- 赛事组委会领导出席，授予企业"20××年国际奥委会体育摄影比赛中国赛区合作伙伴"称号，颁发荣誉证书并合影留念。
- 主席台横幅："××杯"20××年国际奥委会体育摄影比赛（中国区）。
- 新闻发布会所邀请媒体由组委会和企业双方协商确定。
- 场地地面：在场地地面醒目位置，放置视觉效果良好的企业 LOGO。
- 广告板 4 块。

5. 颁奖典礼
- 主持台：正面标明企业 LOGO。
- 领奖台：基座标明企业 LOGO。
- 奖品：企业吉祥物作为颁奖典礼奖品。
- 显示屏：颁奖典礼背景显示屏发布企业广告，每宣布一个奖项前在屏幕上打出企业祝贺语并进行广播。
- 场地地面：在场地地面醒目位置，如颁奖台前地面设置具有良好视觉效果的企业字样或 LOGO。
- 门票：加印企业字样或 LOGO。
- 比赛活动 T 恤衫：印制具有良好视觉效果的企业 LOGO。

6. 市场开发权
- 与赛事组委会联合进行市场开发。

7. 活动推广权
- 企业可依托赛事开展营销活动。

8. 赞助反馈权
- 获得赞助评估和分析报告。
- 获得媒体宣传评估和分析报告。

五、赞助标的

1. 独家冠名
- 名称：独家合作伙伴。
- 标的：人民币 300 万元。
- 数量：1 家。
- 形式：现金 250 万元 + VIK（Value in Kind）50 万元。
- 权益：全部权益 + 排他。
- 特别权益：与企业需求紧密结合，为企业量身定制赛事。

2. 合作伙伴
- 名称：合作伙伴。
- 标的：人民币 100 万元。
- 数量：2 家。
- 形式：现金 80 万元 + VIK 20 万元。
- 权益：礼遇权、网络宣传权、平面媒体宣传权、活动推广权、赞助反馈权、排他权。
- 特别权益：无。

3. 赞助商
- 名称：赞助商。
- 标的：人民币 60 万元。
- 数量：不限。
- 形式：现金 50 万元 + VIK 10 万元。
- 权益：活动礼遇权、媒体宣传权、活动推广权。
- 特别权益：无。

六、执行团队

1. 承办单位

- 北京××体育文化发展有限公司、中国体育报业总社大型活动中心及北京奥林匹克文化促进会三家单位本着优势互补、合作共赢的原则联合承办本次赛事。
- 三家单位在市场开发、媒体运行及活动组织方面各有专长。

2. 服务客户

- 国家体育总局
- 中国大学生体育协会
- 搜狐网

3. 团队介绍

- ×××，北京××体育文化发展有限公司总经理。
- （以下略）

4. 联系方式

- （以下略）

七、附件

1. 中国人的奥运情结（图3-2-9）

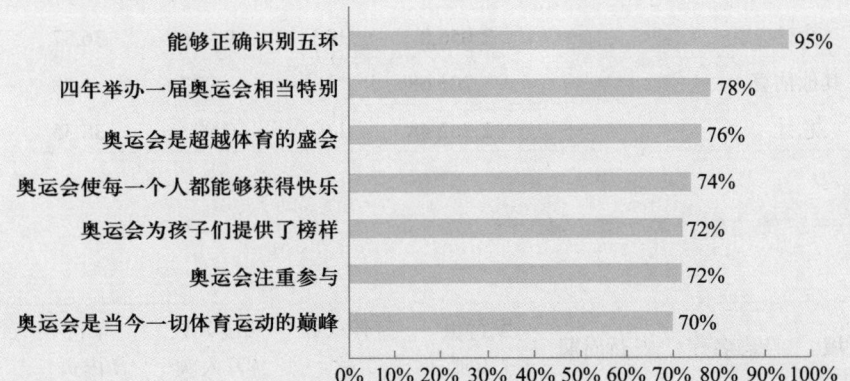

图3-2-9　中国人的奥运情结

2. 报纸软文

序号	区域	报刊名称	发行周期	发行量/万份	见报次数/次	阅读人数/万人次	广告单价/半通栏	价值/万元
1	全国	人民日报	日	210	4	840	3.9	15.6
2		中国青年报	日	30	4	120	2.7	10.8
3		中国体育报	日	30	10	300	1	10
4		体坛周报	周	500	4	2 000	1.2	4.8
5		中国摄影报	周	4.8	10	48	0.94	9.4

续表

序号	区域	报刊名称	发行周期	发行量/万份	见报次数/次	阅读人数/万人次	广告单价/半通栏	价值/万元
6	北京	北京晚报	日	80	4	320	2.63	10.52
7		北京青年报	日	80	8	640	1.6	12.8
8		精品购物指南	周	20	4	80	1.5	6
9		新京报	日	45	4	180	2.5	10
10	上海	新民晚报	日	140	8	1 120	1.5	12
11		解放日报	日	50	4	200	2.3	9.2
12		文汇报	日	33	4	132	1.7	6.8
13	广州	广州日报	日	165	8	1 320	1.9	15.2
14		羊城晚报	日	179	4	716	2.1	8.4
15		南方都市报	日	115	4	460	1.5	6
16	沈阳	辽沈晚报	日	80	4	320	1.2	4.8
17	天津	今晚报	日	105	4	420	2.1	8.4
18	秦皇岛	燕赵都市报	日	100	4	400	1.3	5.2
19	青岛	半岛都市报	日	90	4	360	3	12
		合计	—	2 056.8	100	9 976	36.57	177.92
		其他估算	—	205.68	10	997.6	1.78	17.79
		总计	—	2 262.48	110	10 973.6	38.35	195.71

3. 杂志宣传方案

序号	区域	杂志名称	发行周期	发行量/万册	宣传次数/次	阅读人数/万人次	单价/内页	价值/万元
1	全国	新体育	月刊	30	15	450	2	30
2		足球世界	半月刊	29	15	435	2	30
3		篮球	月刊	31	15	465	2	30
4		乒乓世界	月刊	15	15	225	1.2	18
5		网球天地	月刊	26	15	390	4	60
6		搏	月刊	8.9	15	133.5	3	45
7		体育画报	月刊	10	15	150	3.5	52.5
8		围棋天地	半月刊	15	15	225	3	45
9		中华武术	月刊	15	15	225	0.6	9
10		健与美	月刊	30	15	450	2	30

续表

序号	区域	杂志名称	发行周期	发行量/万册	宣传次数/次	阅读人数/万人次	单价/内页	价值/万元
11		健康之友	月刊	58.5	15	877.5	7.6	114
12		中国钓鱼	半月刊	10	15	150	1.6	24
13	全国	车王	月刊	11.8	15	177	7.2	108
14		运动休闲	月刊	30	15	450	2	30
		累计	—	320.2	210	4 803	41.7	625.5

4. 重点报纸

序号	报纸名称	区域	发行周期	发行量/万册	见报次数/次	阅读人数/万人次	单价/半通栏	价值/万元
1	中国体育报		日	30	20	600	1	20
2	中国足球报		周	30	20	600	0.96	19.2
3	世界体育周报	全国	周	3	20	60	0.95	19
4	围棋周报		周	5	20	100	1.1	22
5	体育文摘周报		周	11	20	220	1.7	34
	累计	—	—	79	100	1 580	5.71	114.2

5. 重点报纸宣传方案

序号	阶段	日期	中国体育报	中国足球报、世界体育周报、围棋周报、体育文摘周报	重点宣传内容
1	第一阶段	7.10~7.16	活动宣传广告1版,活动宣传1期	活动宣传广告及活动说明1版,活动宣传1期	新闻发布会宣传1期
2		7.17~7.23			
3		7.24~7.30			
4		7.31~8.6			
5		8.7~8.13	同上	同上	活动宣传
6	第二阶段	8.14~8.20			
7		8.21~8.27			
8		8.28~9.3			
9		9.4~9.10			加入大学生活动板块
10		9.11~9.17	同上	同上	
11		9.18~9.24			

续表

序号	阶段	日期	中国体育报	中国足球报、世界体育周报、围棋周报、体育文摘周报	重点宣传内容
12	第二阶段	9.25~10.1	活动宣传广告1版,活动宣传1期	活动宣传广告及活动说明1版,活动宣传1期	加入明星投稿板块
13		10.2~10.8			
14		10.9~10.15			
15		10.16~10.22	同上	同上	
16		10.23~10.29			
17	第三阶段	10.30~11.5	活动宣传广告1版,活动评选1期	活动宣传广告及活动评选1版,活动评选1期	陆续刊载部分优秀作品
18		11.6~11.12			
19		11.13~11.19	同上	同上	
20		11.20~11.26			
21	第四阶段	11.27~12.3	活动宣传广告1版,活动揭晓1期	活动宣传广告及活动结果揭晓1版,活动揭晓1期	刊载获奖作品
22	第五阶段	12.3~12.31	IOC获奖宣传1期,展览1期	IOC获奖宣传1期,展览1期	如果参赛作品获得IOC奖项,将举办获奖宣传及展览

重要概念

体育经纪业务活动计划：指为实现体育经纪业务活动的目标而对各项工作任务进行的预先策划和统筹安排。

体育经纪业务方案构想：指对体育经纪业务进行系统剖析，并就现有资源按要求进行系统分配，形成商业运作模式（启发性创意和创造性组合）的过程。

体育经纪商务文案：指体育经纪人在商务活动过程中形成的文本，包括体育经纪项目战略性文案、体育经纪公司管理公文、体育经纪项目策划类文案等。

营销策划文案：又称营销策划书，是关于营销活动及其行动方案的设定的文字报告方案。

广告文案：以语词进行广告信息内容表现的文字材料。

公关新闻稿：指用于对公关事件的媒体发布文稿。

提案：指为了达到某个目标而提交，并用以讨论的建议书。

复习题

1. 体育经纪业务活动计划的概念和作用是什么?
2. 体育经纪业务活动的目标类型有哪些?
3. 如何确立体育经纪业务活动的目标?
4. 体育经纪业务活动制订的依据"5W、2H、1E"是什么?
5. 体育经纪业务活动计划的制订程序包括哪些?
6. 商务文案的基本要素是什么?
7. 商务文案的类型有哪些?
8. 撰写一份关于广场足球赛的商务文案框架书。

第四章

体育经纪业务实施

本章提示

体育经纪人需要具备一定的公关协调、市场推广、市场监控能力。体育经纪业务实施阶段的主要活动包括寻找确定合作伙伴（第三方），与不同的合作对象进行洽谈沟通，处理各种公共关系，整合利用各种资源，以及监控业务实施中可能遇到的各种情况等。本章重点对体育公关协调的手段，公关协调专题活动的设计，体育经纪项目的市场价值开发、形象设计，体育经纪业务实施过程监控方法等进行介绍。

能力要点

- 能够选择公关协调对象
- 能够运用常用手段开展公关协调活动
- 能够分析体育经纪项目的市场价值
- 能够根据体育经纪项目特点进行形象设计
- 能够利用媒介对体育经纪项目进行宣传
- 能够检查体育经纪业务实施过程按计划执行的情况
- 能够识别体育经纪业务活动的偏差

知识要点

- 体育公众的类型
- 公关协调专题活动的内容
- 体育经纪业务市场价值的基本要素
- 形象设计方法

- 媒介类型、特点
- 项目监控的内容
- 项目计划的实施情况

第一节　公　关　协　调

如何使体育经纪资源得到有效利用，如何实现体育经纪项目价值的最大化，以及如何协调供需双方各自的利益等问题，都需要在公关协调中予以实现。

一、体育公关协调的对象

体育公众既是体育组织赖以生存与发展的基础，又是开展公关协调工作的对象。明确体育公众的概念，把握体育公众的一般特点，正确地划分体育公众的类型，了解不同体育公众的不同特点和需求，有的放矢地运用体育公共关系技巧影响体育公众的态度和行为，不仅是体育公共关系人员的基本功，也是体育公共关系工作中的基本环节和基础性工作，它直接关系到体育组织公共关系工作的针对性和有效性，影响体育组织公共关系目标的实现。

（一）体育公众的含义

体育公众是体育公关协调的工作对象。所谓体育公众，是指因面临共同问题而形成的与体育组织利益相关，且相互影响、相互作用的实际或潜在的社会群体。虽然体育公众在体育公关协调活动中处于被影响、被作用的地位，但体育公众并不是盲目被动地接受一切影响，他们会根据自身的利益作出判断和反应，同时采取相应的行动。因此，想要与自己的工作对象保持良好的关系，争取他们的理解与支持，首先要了解他们的所思所想。所以，了解和研究不同类型体育公众的特点和需求，是开展体育公关的重要前提，也是实现体育组织公关目标的重要保证。

（二）体育公众的类型

体育公众是一个集合的人群概念，它有着极其复杂的结构。为了把握其结构，加强体育公关协调工作的针对性、提高体育公关协调工作的效率和效果、对体育公众进行分类是十分必要的。确定体育公众并对体育公众进行分类的意义在于：其一，能使体育公关协调部门或人员根据体育公众的不同特点选择有效的传播方式进行沟通，从而保证体育公共关系工作有较高的效率和较好的效果。其二，可以使体育公关协调部门或人员明确工作对象，认清主攻方向，抓住主要矛盾，从而为有针对性开展体育公关活动提供先决条件。

1. 根据体育公众与体育组织的相互关系分类

根据体育公众与体育组织的相互关系，可将体育公众划分为内部体育公众和外部体育公众。

内部体育公众指体育组织内部的各类成员，如体育经纪公司的员工、股东等。外部体育公众指体育组织外围的公众，如体育经纪公司业务面向的企业、知名运动员、职业体育俱乐部、政府主管部门、同行、新闻媒体、金融机构等。

2. 根据体育公众对体育组织的不同态度分类

根据体育公众对体育组织的不同态度，可以将体育公众分为顺意体育公众、逆意体育公众和独立体育公众。

（1）顺意体育公众。此指对体育组织的政策和行为持同意态度并积极支持的公众。这一部分公众是推动体育组织发展的主要力量。他们的态度和行为是体育组织生存、发展的动力，是维持体育组织良好形象的决定性因素。因此，体育公关部门或人员应经常和他们保持沟通，收集和分析他们反馈的信息，为他们消除疑虑，防止他们态度发生逆转而产生对体育组织不利的影响。

（2）逆意体育公众。此指对体育组织的政策和行为持否定态度的公众。例如，2020年东京奥运会因受新冠肺炎疫情影响，是否应该如期举行引发了日本民众的激烈争论。日本首相安倍晋三以及国际奥委会主席托马斯·巴赫等官员一再强调，奥运的准备工作应该继续进行，以便在7月24日点燃奥运圣火。但日本国内对东京奥运会的疑虑与日俱增，越来越多的人反对如期举行奥运会。日本放送协会3月6日至3月9日进行的民调显示，40%的人赞成按计划举行奥运会，而45%的人表示反对。还有日本民众敦促官员们不要在新冠病毒扩散的紧急情况下冒着生命危险继续举办奥运会。逆意体育公众也是体育组织开展公关活动的重要对象，体育组织应加强与他们的信息沟通和感情联络，分析原因，改进体育服务或提高体育用品质量，使其向着独立体育公众或顺意体育公众的方向发展，从而为体育组织赢得有利的生存与发展环境。

（3）独立体育公众。此指对社会体育组织的政策和行为持不明朗态度，既不明确赞同，也不明确反对的公众。对这一类公众，体育组织应给予高度重视，因为他们既可向顺意体育公众转化，也可向逆意体育公众转化。体育组织应采取积极、主动的措施，使其对体育组织及其公关活动产生兴趣和好感。

3. 根据体育公众对体育组织的重要性不同分类

根据体育公众对体育组织的重要性不同，可将体育公众划分为首要体育公众、次要体育公众和边缘体育公众。

（1）首要体育公众。首要体育公众是指对体育组织的生存和发展起决定作用的体育公众。首要体育公众对体育组织最为关键，他们同体育组织的根本利益休戚与共，息息相关。因此，体育组织要投入充足的时间、人力和财力，去改善、维系和发展同这部分公众的关系。

（2）次要体育公众。对体育组织的生存和发展有一定影响但不起决定作用的体育公众称为次要体育公众。尽管他们与体育组织的根本利益一般不发生直接的关系，但他们对体育组织的生存和发展也有着不可忽略的影响。因此，体育组织也应努力改善同他们的关系，争取获得他们对体育组织的支持与合作。

（3）边缘体育公众。此指与体育组织有关系但又不是首要公众和次要公众的公众。边缘体育公众对体育组织的影响作用较小，因此，在通常情况下，体育组织对这部分公众不必特别关注。

首要体育公众、次要体育公众、边缘体育公众始终处于不断的变化之中。在特定条件下，三类公众可发生转化，而这种变化，主要是由体育组织的发展需要引起的。因此，体育组织必须密切保持与公众的联系，在发展变化中确定体育组织公众关系的主要对象——首要体育公众。例如，一家运动鞋生产企业，在刚开始生产运动鞋时，它的目标是让该企业生产的运动鞋在国内站稳脚跟，为国内消费者所接受，并争取树立起良好的品牌形象。因此，它的首要公众就是国内消费者，而国际市场的消费者可以被认为是次要公众和边缘公众。随着其生产规模的不断扩大和产品质量、品牌声誉的不断提高，企业希望把产品推广到国际市场，并逐步转为以外销为主。此时，它的首要公众就是国际市场的消费者，而国内的消费者则退到次要公众的位置。

4. 根据体育公众形成过程的不同阶段分类

根据体育公众形成过程的不同阶段可把体育公众划分为非体育公众、潜在体育公众、知晓体育公众和行动体育公众。

（1）非体育公众。指对体育组织不产生影响，也不受体育组织影响的公众，他们显然不是体育组织攻关的对象。了解非体育公众情况，可以避免体育组织决策的盲目性，减少时间、精力、财力的浪费。例如，专为女性提供健身服务的俱乐部，男性则是该体育组织的非体育公众，在读幼儿园的小朋友是大学体育组织的非体育公众等。

（2）潜在体育公众。指体育组织的目标和行为已影响到这些公众，而其本身尚未意识到，体育组织也尚未正式与之联系。例如，一家体育用品生产商开发出了一种新型泳衣，但由于问世不久，许多游泳运动员对此并不了解，这些游泳运动员就是该组织的潜在体育公众。如果潜在体育公众的存在对体育组织是有利的，那么应当尽快让公众知晓；如果潜在体育公众的存在对体育组织不利，那么应当在让公众了解的基础上采取补救措施，主动变不利为有利。

（3）知晓体育公众。知晓体育公众由潜在体育公众发展而来，是指这些体育公众不仅面临着同一问题，而且已经意识到问题的存在。如果体育组织的公关部门或公关人员在潜在体育公众形成时能及时开展公关活动，采取有力措施发展知晓体育公众，这对体育组织的发展是极为重要的，否则体育组织将有可能在潜在体育公众面前丧失主动而陷于某种不利局面。

（4）行动体育公众。行动体育公众由知晓体育公众发展而来，它是指对体育组织的影响已作出反应，并且准备采取行动或正在采取行动的体育公众。这部分公众是体育组织必须重视和认真对待的对象。如果这类公众的行为是受体育组织欢迎的和期望的，那么组织应该鼓励、支持他们的行为；如果这类公众的行为有损体育组织的利益，那么组织应当迅速采取措施解决问题。例如，在申办2008年奥运会的过程中，加拿大的多伦多奥申委遇到的问题就是遭遇到了来自国内失业工人的反对，他们认为本国失业率居高不下，生活状态堪忧，而国家却拿出大量的经费去申办奥运会，不关心失业工人。他们诉诸新闻媒体，举行游行示威，严重影响多伦多奥申委的工作。但多伦多奥申委意识到问题的严重性，立即采取措施，一方面尽可能地解决失业工人的生活状况问题，一方面大规模宣传申奥会给他们带来的好处等，消除了两者之间的矛盾，从而在较短时期内挽回了行动体育公众对该组织工作的消极影响。

从非体育公众到体育公众是一个连续发展的过程，非体育公众可能发展为潜在体育公众，潜在体育公众可能很快发展为知晓体育公众，知晓体育公众有可能比较快地发展为行动体育公众。

以上是体育公共关系中最常见的四种公众的分类，组织要开展公关活动，就必须认清所面对的各类公众，对公众进行科学的分类，从而根据不同类型的公众选择具有针对性的公共关系策略和方法。

（三）体育公众的选择方法

体育公众的类型多种多样，归根到底就是以上这些不同类型的公众。体育公众的选择包括两个方面：

1. 分析和鉴别体育组织面对的公众

公众具有特定的含义，并不是所有的人都会成为公众。公关人员在确定目标之后，应分析体育组织与哪些人有利益上的、感情上的、道义上的或其他各种各样的关系。一般来说，有关系的，就可能是体育组织的公众；毫无关系可言的，至少在目前状态下不是公众。做这样的分析以后，还要鉴别这些公众跟体育组织是什么样的关系。比如，关系十分密切的公众总是首要公众；关系不很密切的是次要公众或边缘公众；关系尚处在隐形状态的公众必然是潜在公众；与组织有矛盾关系的公众，往往就是逆意公众。

2. 了解各类公众的要求和对体育组织的态度

确定了公众以后，还要了解他们的利益要求，了解他们对体育组织及公关目标的反应以及今后的变化趋势；同时还要了解公众对体育组织的态度是敌对还是同情，冷漠还是热情，悲观还是乐观，失望还是期待等。只有做这样的了解，具体的公关计划才能有的放矢。

体育公关工作就是要改变公众的态度和行为。如将逆意公众转变成顺意公众，将潜在的顺意公众转变为行动公众。总之，是将公众对体育组织的消极、敌视态度改变成积极、同情或赞赏的态度，使公众的态度和行为朝着有利于体育组织的方向发展。

二、体育公关协调的形式

体育公关协调的手段是体育经纪组织为实现经纪目标所运用的多种有针对性的措施，其形式有体育公关广告、特殊事件、新闻、赞助活动、宴请、谈判、参观游览等。

（一）体育公关广告

体育公关广告是指体育组织或企业运用大众传播手段为其传播公共关系信息，树立良好形象的一种形式。体育公关广告主要有四种基本类型：

企业广告，它是体育公关广告中普遍运用的一种广告，主要介绍体育组织或企业的各方面情况。这类广告的目的在于争取体育公众的了解和理解，促使体育公众的认同和接受，为体育组织及企业推广形象，扩大影响，提高体育组织和企业的知名度和美誉度。

合作广告，这类广告强调体育组织与社会生活的关联性和公共性。

创意广告，它是以体育组织或企业名义率先发起某种社会活动，或倡导某种有益于社会发展的新观念，或对体育赛会进行赞助，或利用名人效应、邀请体育明星作为企业品牌的形象代言人，或直接参与企业管理和产品开发等所做的广告。

信息广告，主要用于宣传体育方面的赛事、科技、教育活动或体育产品的信息。

（二）特殊事件

体育组织或企业可以安排特殊事件来吸引人们的注意力。这包括典礼、仪式、新闻发布会、讨论会、展览会等。每逢重大节日和重要事件，或是公司开张、工程竣工、产品推出、展览会开幕等，都要举行隆重的庆祝活动。为了扩大影响，企业可邀请媒体记者并请重要人士参加。

（三）新闻

体育公关人员的一个重要职责是发现或创造有关企业、产品及人物的新闻。新闻制造需要下列程序：制订主题、调查研究、新闻写作。但公关人员不能只会制造新闻故事，让媒体接受新闻稿件，更需要市场营销和人际关系技巧。因此，体育公关人员要和编辑及记者建立良好的关系，和新闻单位关系越好，相应地就会得到更多更好的有关企业和组织的报道。

（四）赞助活动

赞助单位的名称或产品都可以出现在被赞助活动的现场。这样，由于大众媒体的报道，可使企业的名称或产品名称被不断重复，增强了广告的传播作用并扩大其影响范围。赞助本身就是在为社会、为公众做贡献，这必然培养了与广大公众的良好关系，提高了企业在社会公众心目中的形象，特别是赞助社会慈善和福利事业，更能取得社会和公众的好感。

（五）宴请

宴会是一种文明的行为，而不是铺张浪费、挥霍取乐的方式。在体育组织或企业组织召开会议、纪念活动之后，在庆祝、答谢协作者、接待来访客人等情况下，宴请是一种必要的业务活动，它有利于联络感情，开发各项业务工作，特别是在注重关系营销的企业，宴请显得尤其重要。

（六）谈判

体育组织在开拓市场的进程中，谈判无处不在。通过谈判，可以增进谈判双方的相互了解，平衡谈判双方的利益。谈判活动成功的标志是自己一方从该项交易中获得尽可能多的现实经济利益。但真正的谈判成功者却并不这样看，他们所谋求的是通过每次谈判活动与对方形成长久、稳固、友好的合作关系，注重双方的长期利益，开拓双方新的业务合作领域。

（七）参观游览

参观游览是近几年社会上十分流行的一种公共关系活动。参加游览活动的组织对象有两部分，即内部人员到外部世界参观游览，开阔眼界；邀请外部人员到本单位参观，进行调查研究，让外界了解自己。

三、体育公关协调的专题活动

体育公关协调的专题活动是指体育组织针对特定公众，围绕特定主题或目标有计划进行的，以增强组织知名度，提高经济和社会效益，推动体育事业发展的各种活动的总称。体育公关协调的专题活动每次都有一个较为明确的主题和围绕该主题的特殊活动形式，这些活动的成败将直接影响体育经纪组织的公关状态与目标达成。

（一）体育公关协调的专题活动的计划

在现代体育经纪活动中，体育经纪人、体育组织、赞助商与新闻媒体之间的联系与合作已经密不可分，现代体育经纪项目的成功运作离不开体育公关活动的周密计划。体育经纪项目能否持续性地开展，树立起良好的品牌形象，挖掘出较高的商业价值，在很大程度上取决于体育公关活动开展的水平。在体育公关专题活动的组织与策划过程中，需要体育经纪人在对体育公关的客体、目标、手段等方面充分了解的基础上，制定专项计划，从而较好地实现体育经纪项目公关的预期目标。只有这样赛事才能够获得赞助商的支持。因此在商业赞助活动中，赛事推广者必须细化媒体宣传计划，这也是体育赛事商业赞助活动的重要一环。

与一般的广告不同,因为体育经纪项目运作有较强的时效性,因此体育公关协调专题活动计划的制订必须与项目的运行进度相一致,并及早制订实施计划。体育公关协调专题活动计划的制订主要涉及以下几个方面的内容:

1. 分析体育组织现状及原因

对于体育组织形象现状及原因的分析工作,实际上就是要求在公关策划之前,对体育组织形象现状进行分析,从而为选择公关活动目标和方法提供依据。

2. 确定目标要求

一般来说,所要解决的问题就是公关活动的具体目标,它服从于树立体育组织形象这一总体目标。在策划时,公关活动目标应明确、具体,具有可行性和可操作性。

3. 设计主题

体育公关活动的主题是对公关活动内容的高度概括,它对整个公关活动起着指导作用。主题设计得是否精彩、恰当,对公关活动的成效影响很大。

公关活动的主题看似简单,实非易事。设计一个好的活动主题一般要考虑三个因素:公关活动目标,即公关活动的主题必须与公关活动目标相一致,并能充分体现目标;信息特性,即公关活动主题的信息要独特新颖,有鲜明的个性,突出本次活动的特色;公众心理,即公关活动主题要适应公众心理的需要,主题要形象,词句能打动人心,具有较强的感召力。

4. 分析公众

体育公关活动是以不同的方针对不同的公众展开的,而不是像广告那样通过媒介把各种信息传播给大众。因此,只有确定了公众,才能选定哪些公关活动方案最为有效。面对不同的公众群体的体育公关活动有着不同的要求。

5. 活动方式选择

对体育公关活动方式的选择是策划的主要内容。通过什么方式开展公关活动关系到公关工作的成效。选择活动方式是创造性的工作。公关活动是否新颖、有个性,关键取决于策划人员的创造性思维是否活跃。因此,在选择活动方式时,要充分发挥策划人员的独创能力和潜在能力。

6. 经费预算

有一句俗话叫"巧妇难为无米之炊"。专题活动需要经费的支持,而且在使用经费的过程中要做到精打细算。专题活动经费预算的方法有很多,常用的有固定比率法、投资报酬法、量入为出法、目标先导法、平均发展速度预测法等,虽然计算经费的方法各有不同,但其主要宗旨是不变的,即量力而行、厉行节约。

(二)体育公关协调专题活动的形式

体育组织可以通过利用慈善计划,使社区和自身受益。对体育组织来说,它们有机会展示其社会责任感,有机会与各类公众建立联系,从而获得良好的市场形象和经济收益。

1. 赞助与社会公益活动

（1）赞助。赞助这一活动源于西方，是在资助的基础上发展形成的，是资助的一种现代化形式。赞助是社会组织通过提供资金、产品、设备、设施和免费服务等形式资助社会事业，以赢得社会好感，提高知名度，获得潜在商机作为回报的一种社会公关活动。赞助是一方为实现其预定的商业或社会目标，向另一方提供物质支持，并期望获得某种回报，所以赞助也是一种市场交易方式。用于体育领域的赞助称之为体育赞助。

赞助活动作为一种重要公关活动，是组织树立形象并不断发展壮大的重要途径。每一个组织都存在于一定的社会环境之中，组织除了自身要赢利外，还必须承担一定的社会责任和义务，从而获得社会的支持和帮助，为组织的生存与发展提供可靠保障。比如，"李宁"是我国著名的运动名牌，该公司成立于1990年，它之所以能发展成为我国知名的体育用品公司，与其参与一系列的体育赞助活动有着紧密的联系。1990年公司成立之初就以300万元买下了1990年亚运会火炬接力传递活动的赞助权，"李宁"牌运动服开始被世人知晓。亚运会结束的当月，其订货额就超过1500万元。1992年"李宁"公司又取得了中国奥运代表团领奖专用服和专用鞋赞助商称号。此后的几年中，"李宁"多次伴随着中国体育代表团出现在世界大赛上。"李宁"还积极赞助我国体操、排球、乒乓球、足球等体育比赛和运动队。这一系列的赞助活动，使"李宁"公司不断发展壮大，名扬海内外。

（2）社会公益活动。社会公益活动是指体育组织关注并尽责地为促进社区乃至整个社会公益事业的建设与发展而进行的各种形式的公共关系专题活动。社会公益活动包括各种各样的形式，如赞助体育事业、赞助教育事业、赞助文化事业、赞助卫生事业、修建公共设施、进行社区服务以及其他有益于社区公众的活动等。社会公益活动是一种重要的公共关系活动。它直接使社会及公众从中受益，体现了体育组织强烈的社会责任感，因而对于形成良好的舆论氛围，增进与社会及公众的关系有显著的成效。

2018年，安踏与麦当劳跨界合作，推出"为爱麦跑"以运动助力公益活动。"为爱麦跑"于2014年由麦当劳中国发起，旨在通过亲子跑这项运动拉近父母与孩子的距离，培养孩子的体育与公益精神，助力"麦当劳叔叔之家"，为异地就医的家庭提供医院附近的免费临时住所。作为"为爱麦跑"的首席赞助商，安踏儿童连续两年助力该公益项目。活动中家长与孩子穿着红白亲子装和红白袜上阵，完成2.5~5千米的征程。麦当劳是全球餐饮巨头，安踏儿童是国内儿童运动领域的翘楚，两大品牌虽然基因不同、领域各异，但都关注着儿童身心的健康成长，有着彼此契合的理念。麦当劳中国首席执行官表示："麦当劳致力于推动一代又一代儿童健康快乐地成长，汇聚越来越多的爱心，为异地就医的患儿家庭提供关爱和支持"。这一观点与同样关注儿童成长的安踏儿童不谋而合。此前，安踏儿童就曾将一些活动的门票收入捐入"真爱梦想——安踏茁壮成长公益计划专项基金"，为偏远地区的孩子购置运动装备，得到业内好评。

（3）社会公益活动中的赞助。社会公益活动中的赞助是指社会组织以不计报酬的捐赠方式，出资或出力支持社会公益事业的公共关系活动。社会公益活动赞助的目的，总的来说就是促进理解，提高声誉，承担社会责任，树立形象。社会公益活动具有很强的说服力和影响力，能够造福于公众，造福于社会，因而受到各级、各类社会组织的青睐。

在社会公益活动中组织实施赞助时，一般分为以下几个步骤：

（1）明确赞助目标。体育组织开展赞助活动必须首先明确赞助的目标要从组织和社会需要入手，确定赞助活动要达到的目标，分析评估通过赞助可以使哪些公众对组织产生好感，向哪些公众传递哪些信息，怎样获得公众和媒介的认可、理解和宣传，与哪些组织建立赞助联系有利于组织的发展等，即通过赞助提高体育组织的声誉，增进公众的理解，塑造良好的体育组织形象，创造良好的社会效益。

（2）进行赞助前期分析。为了取得良好的赞助效果，应该进行赞助前期的分析工作。从组织的经营管理目标、公共关系政策入手，调查外部需要赞助的公益事业的情况，考察活动本身是否对公众有益，是否能对体育组织本身产生有利的影响，从而制订本组织的赞助方向和政策。体育组织可以成立专门的赞助委员会，负责研究各种赞助事宜，进行赞助成本和效益分析，以保证体育组织和社会同时受益，防止各种与体育组织整体赞助活动目的相距甚远的现象出现。

（3）制订赞助计划。在赞助前期研究的基础上，根据体育组织的赞助方向制订赞助计划，一般包括赞助宗旨、赞助对象的范围、费用预算、赞助形式和具体安排等内容。赞助计划是赞助研究工作的具体化，所以要做到有的放矢、具体详尽、切实可行。要控制赞助范围，留有余地，避免铺张浪费，这样才能以适量的经费达到最佳的效果。

（4）具体赞助项目的审核与评定。实施赞助计划前，应对每一个具体赞助项目进行详细的评估、审核、论证。主要内容包括赞助的价值性、赞助方向的准确性、赞助范围和形式的合理性等，从而最终确定赞助活动的具体实施方案。

（5）实施赞助行动。应派出专人负责各项赞助实施方案的具体落实。在实施过程中，应充分运用各种有效的公关技巧，使组织尽量借助赞助活动扩大其社会影响。在实施过程中，应该建立经常性的检查制度，使计划能保质保量地完成，同时避免费用超过预算。

（6）赞助效果测定和评估。赞助活动完成后，应对赞助效果进行调查测定，对照计划检查完成了哪些预定的目标。分析完成目标或未完成目标的原因，将效果测定写成文字材料存档，作为今后赞助活动的参考资料。

2. 体育庆典活动

体育庆典活动是指体育组织围绕体育活动和事件而举行的典礼、庆祝仪式等公共关系专题活动。在我国经济不断发展、体育事业日益繁荣的今天，体育庆典活动与平常活动相比更具有特殊意义。体育庆典活动能引起公众对体育事业的关注，扩大体育组织的社会影响，提高组织的知名度，为体育发展创造良好的社会氛围。同时，体育庆典活动是体育组织向社会和公众展现自身魅力，体现自身的领导和组织能力、社交水平以及文化素养的良好舞台，能够为体育组织创造良好的社会效益和经济效益。

（1）体育庆典的种类。根据体育庆典内容的不同，可把体育庆典分为以下几种：

① 体育俱乐部等机构的开业、开工庆典：体育企业的开业仪式，重要体育科研机构或体育俱乐部的成立仪式等都会给公众留下深刻的印象，良好的开端可以为今后事业成功奠定坚实的基础。

② 运动会、体育节日、体育博览会等活动的开幕式和闭幕式庆典：此类庆典仪式是体育庆典中最为常见的，也是容易给公众留下深刻印象的。如奥运会、亚运会开幕式和闭幕式，不仅体现了举办者的文化传统和组织能力，而且也展现了体育的精神与魅力。

③ 体育场馆等设施的奠基和落成庆典：例如，亚运村的奠基和落成典礼、2008年北京奥运会主体育场馆的破土动工典礼等。

④ 体育赞助、体育商业合同等的签字仪式典礼：签字仪式典礼是对合同双方达成协议的良好祝愿，也是向社会的一种公开表态，即向社会表明双方所承担的责任与义务。

⑤ 体育授勋仪式：向知名体育人士授勋以表彰他们对体育事业所做出的贡献，这种庆典对于激励人心、宣传体育有着特殊的意义。

⑥ 运动会颁奖仪式：颁奖仪式是运动会的一个重要仪式，它不仅体现了体育的公平公正精神，同时也表达了对运动员的尊重与鼓励。

⑦ 体育法规、产品、运动会会徽、吉祥物颁布和发布仪式：例如，《中华人民共和国体育法》和《全民健身计划纲要》的颁布仪式，2008年北京奥运会会徽"中国印"在天坛举办的发布仪式等。

⑧ 重要体育事件的庆祝或周年纪念活动：例如，我国2008年奥运会申办成功后在北京世纪坛举行的活动；毛泽东"发展体育运动，增强人民体质"题词50周年纪念活动等都属于这种类型的庆典活动。

（2）体育庆典的实施步骤。体育庆典不是一般的体育公关活动，它凝聚着人们对辛勤耕耘所取得成绩的喜悦和欢庆，体育庆典是体育组织开展的重要公共关系活动，必须精心筹划并组织实施。

① 拟定邀请嘉宾名单：根据体育庆典主题和内容，邀请有关的宾客，一般包括有关部门负责人、知名运动员或体育界人士、同行业代表、社团代表、公众代表、员工代表和新闻界人士。请柬必须按时寄出，以便掌握来宾的实际情况，确保接待工作的顺利进行。

② 安排庆典活动程序，布置好活动现场。体育庆典活动程序一般为：来宾签到、主持人宣布庆典开始、宣布来宾名单、宣读贺电贺信、重要领导和来宾致辞或讲话、致答词、剪彩等。现场布置包括标语、口号、彩旗、气球、宣传画、音响设备、签到处、观礼台、主席台座位及排名顺序等。

③ 确定致贺辞、致答辞人员名单：一般情况下，致辞主方人员是组织的负责人，客方人员是地位较高和有一定声望的知名人士。贺辞、答辞都应言简意赅，起到沟通感情、增进友谊的作用。

④ 确定关键礼仪人员：如剪彩、揭牌等，除本单位负责人外，还应有德高望重的知名人士作为来宾共同参加。

⑤ 做好各项服务接待工作：应事先确定负责签到、接待、剪彩、摄影、录像、扩音、礼品发送等有关服务礼仪人员以及卫生、保卫人员，这些人员应在庆典前到达指定岗位，准备好与庆典有关的各种资料和活动必需品如剪刀、托盘等。

⑥ 安排庆祝节目：在庆典过程中可安排如舞龙舞狮、乐队伴奏、民间舞蹈、歌舞节目等，还可以邀请来宾题词，作为永久纪念。

⑦ 组织参观：庆典结束后，可组织来宾参观设施、陈列等，增加宣传社会组织、传播信息的机会。

（3）实施庆典活动的注意事项。由于体育庆典活动是一项技巧性要求非常高的公共关系专题活动，所以在完成以上工作的同时，还要注意以下事项：

① 体育庆典要有艺术性：体育庆典活动要收到好的效果，就必须注意艺术性，具有艺术魅力，给公众以美的感受。

② 体育庆典要发布新闻：新闻媒介的反映是衡量活动成功与否的重要标尺，所以庆典活动应尽量邀请新闻记者参加，并努力使活动本身具有新闻价值。

③ 体育庆典要有计划性：应将庆典活动纳入组织的整体规划，使其符合提高组织整体效益的目的。

④ 庆典结束后：要通过座谈、留言形式广泛征求意见，并综合整理，总结经验。

3. 新闻发布会

新闻发布会是指一个社会组织直接向新闻界发布有关组织信息，解释组织重大事件而举办的活动。新闻发布会是一项精心设计的由组织的发言人发表有新闻价值的讲话的媒体活动。新闻发布会是公关营销的有力武器，新闻发布会既有利于引导社会舆论，又有利于在社会公众中树立良好的形象，它不仅能传递信息，还能给媒体人员提供体验和感受的传播活动。

新闻发布会的特点是向所有相关的媒体开放，发布的内容可以全部公开。新闻发言人在记者提问前主动发布的内容十分重要，它为整个新闻发布会定下基调。新闻发布会要求发言人具备较高的掌控提问方向能力，能够使记者的提问不偏离新闻发布会的基调。

根据新闻发布会规模较大，权威性强的特点，应在确实有重大新闻需要公开时举办，否则耗时耗力，记者也不一定感兴趣。只有当发布主题足够重要、内容足够丰富、对记者有足够的吸引力，才适合召开新闻发布会或记者招待会。因此在新闻发布会之前发言人要按新闻规律对发布稿字斟句酌，并对记者可能提出的问题进行充分地准备。

（1）召开新闻发布会的步骤与要点。新闻发布会是为了集中发布信息而举行的传播活动。对于一个社会组织而言，利用新闻发布会向广大公众传播信息具有传播面广、传播速度快、传播效果好等特点。例如，北京在筹办2022年冬奥会的过程中，我国政府以及北京冬奥会组委会多次举办各种规模的新闻发布会，从各方面回答了世界各地记者提出的有关问题。随着电视台对新闻发布会的现场直播以及记者们在会后发表的各种有关北京冬奥会准备工作的报道，国内外各界人士都对北京成功举办2022年冬奥会充满了信心，并且用实际行动给予了关注和支持，其宣传效果甚佳。成功地举办新闻发布会的关键是准备充分，真正做到"事无巨细，追求完美"。在通常情况下，举办新闻发布会的程序大致有以下几个步骤：

① 确定主题，选择时机：新闻发布会是既严肃又正规的公共关系专题活动，因此，举办新闻发布会一定要选择适当的理由和时机，不能随意召唤记者，否则，后果不堪设想。体育社会组织举行新闻发布会或记者招待会可以选择开业典礼、大牌球星签约、庆祝活动、球队喜获殊荣、质量认证、公司业务面临重大转折、重大突发事件发生等时机。在选择了恰当的时机之后，就要确定新闻发布会的主题。一般来讲，新闻发布会的主题可归纳为以下四种类型：一是宣传组织的整体形象；二是宣传组织形象并宣传某项产品；三是宣传某项活动、某种技术、某种新观念；四是说明突发事件、平息舆论风波。新闻发布会的主题应清晰明了，切忌含糊不清，体现发布会主题的标语口号应准确精练，便于记者报道。

② 选择媒介单位，落实邀请范围：在选择媒介单位和与会记者时应考虑以下几个因素：一是新闻发布会的规模；二是准备花费多少费用；三是本次新闻发布会将要影响的区域；四是对信息传播内容和速度的具体要求。选择了媒介单位之后，再进一步落实参会记者名单，每一家媒介的记者请几位、请谁，都要提前确定。请柬要在两周前发出。请柬内容应包括新闻发布会的主题、主要发言人姓名、举办时间、举办地点以及联系电话。新闻发布会正式举行的两三天前，再给被邀请的记者打电话，确定一下其能否来参加，是否有其他需求。

③ 挑选发言人，确定会议主持人：在新闻发布会上，一般首先由会议主持人发布或介绍情况，随后由主要发言人做详细发言。新闻发布会能否开得圆满成功，能否达到事先预定的公共关系目标，在很大程度上取决于会议主持人和主要发言人的业务能力。会议主持人一般由社会组织的公共关系部负责人担任。主持人应该具有庄重的仪表，高雅得体的举止，高超的语言表达力，随机应变、驾驭会议发展趋势的能力以及丰富的主持经验，善于活跃气氛。新闻发布会的主要发言人原则上应安排社会组织的主要负责人。因为只有他们才能准确全面地回答有关本组织的方针、政策、经营、生产等重大问题。而且领导人在记者招待会上的发言应具有权威性、可信性。担任新闻发布会的主要发言人，应做到掌握情况，对答如流，头脑灵活，思维敏捷，最好还要宽容随和，豁达幽默。

④ 策划报道提纲，准备宣传资料：新闻发布会的宣传资料包括主要发言内容和报道提纲。在新闻发布会之前要充分准备宣传资料。主要发言是新闻发布会的中心内容，应具备实事求是、资料全面、严谨深刻、生动具体等特点。主要发言不仅要有专人负责起草，而且还要通过本组织有关领导人审阅，最后交给主要发言人熟悉。报道提纲指的是新闻发布会宣传内容的要点和背景，有条件的话可以附加照片。要有专人事先把这些资料理顺好并打印若干份，在记者入场时分发给他们，以便记者们在会上提问或会下写报道时做参考。报道提纲要简洁、系统，用事实说话。注意千万不要出现自相矛盾、逻辑漏洞或错别

字，否则，会引起记者反感。除了准备好主要发言和报道提纲外，同时还要准备好回答记者提问的策略，以供主要发言人做参考。

⑤ 精心准备，认真接待：举行新闻发布会要善始善终地做好一系列事务工作，主要有以下几个方面：其一，邀请记者参加新闻发布会，应该把正式的请柬提前送到他们手中。为了表示对记者的尊重，应该以举办新闻发布会组织的名义或组织领导人的名义邀请，并且派专人呈送，切忌随意让别人捎过去。其二，准备好交通工具，安排专人负责接送，并且做好服务接待工作，使记者感到一种热烈、诚恳、友好、亲切的气氛。在接待服务中应注意对所有来参加发布会的记者一视同仁，不能厚此薄彼。如果有特殊的记者参加，在正式开会时应为其安排一个能够听清楚所有来宾讲话的位置，这并不是搞特殊，而是为了方便工作。其三，布置会场，准备视听辅助工具。新闻发布会的会场应突出发布会的主题和对新闻媒介朋友的欢迎。可以用悬挂条幅、张贴标语、摆放鲜花、开放音响等方法烘托会场气氛。另外，还要预先准备好与发布会有关的图表、画片、地图、放大的照片、实物、产品、模型、录音带、录像带等视听辅助工具。在会前或会后，可以请记者们参观实物展览、图片展览或进行现场参观。并且，允许记者在参观时自由采访、拍摄照片等。新闻发布会的会场内要准备一些纸张和笔，以方便记者使用。另外，还要准备好签名簿、留言簿，会前请记者签名，会后请记者挥毫题字或书写留言。新闻发布会的会场内应保持灯光柔和，空气新鲜，温度适中。会场内应摆放舒适的座椅，要安静而无噪音。为了避免干扰，会场内不放电话。大型新闻发布会应选用长方形桌子，主要发言人与记者面对面而坐，就像教学课堂一样突出庄重、严肃的特点。小型新闻发布会最好选用圆形桌子，大家围圈而坐，显得气氛和谐，主宾平等。其四，策划纪念品。为了感谢记者光临，为了更好地与记者交朋友，可以向记者赠送纪念品。在策划纪念品时应考虑以下因素——第一，突出本组织特色，例如，在纪念品上印上本组织的标志，经营宗旨，典型的广告文辞等；第二，为本组织做宣传；第三，纪念品应新颖、小巧，具有艺术观赏价值、保存价值或具有实用价值；第四，纪念品不同于奖品，其造价应便宜，不应太昂贵，在策划纪念品时应考虑少花钱，多办事，尽量为本组织降低成本；第五，纪念品最好是特制的，其做工应精益求精，千万不能把残品、次品、假冒产品赠送给记者。

在现代社会，人们称新闻媒介记者为"无冕之王"，他们是社会组织与广大公众进行沟通的桥梁。一个社会组织与新闻媒介的关系如何，直接关系着社会组织的发展。因此，公共关系人员在接待新闻记者时应做到情意周至，滴水不漏，事无巨细，追求完美。利用接待新闻记者的机会为组织塑造良好形象。

（2）召开新闻发布会应注意的问题。

① 新闻发布会必须按时举行，没有极特殊的情况，不能随意提前或拖延。

② 新闻发布会的开始时间不宜过早，最好是上午 10 时左右、下午 3 时左右。

③ 小型新闻发布会不宜时间过长，一般以 20 至 30 分钟为佳，不超过一个小时。

④ 在新闻发布会筹办过程中列出发布会一览表非常有用，因为其中涉及很多有用的

细节（表4-1-1）。

表 4-1-1　新闻发布会一览表

日期：2021年8月8日
时间：下午2点
主题：关于聘请教练员的新闻发布会
地点：××俱乐部篮球馆

项目	备注
与体育信息管理部门的员工和工作人员见面 ◎ 分配具体任务	8月7日上午
布置会场 ◎ 准备背景幕 ◎ 测试音响系统 ◎ 安排座位 ◎ 摆放桌子 ◎ 准备发言人用的讲台 ◎ 准备照明设施	8月8日上午12：30前完成
撰写媒体通告并交给媒体 ◎ 附上停车说明 ◎ 附上传真以及电子邮箱信息	8月7日上午10点发出
电话提醒媒体	8月8日上午
准备媒体资料袋 ◎ 撰写新闻稿 ◎ 撰写教练员的履历 ◎ 附上项目日程表	8月8日上午
为教练员和俱乐部经理制作姓名卡	8月8日上午
在桌上为发言人和媒体摆放饮用水	8月8日中午1点前完成
设置用于媒体签到登记用的桌子 ◎ 准备登记表 ◎ 附上媒体资料袋 ◎ 附上各种海报和日程表	8月8日中午1点前完成
会后活动 ◎ 分发发言稿 ◎ 向未到场参加发布会的媒体发放宣传资料袋 ◎ 为组织的官方网站撰写新闻稿 ◎ 向组织的官方网站上传照片	紧随新闻发布会之后

（3）新闻发布会的利与弊。除了向目标受众传播信息，新闻发布会还有其他好处，包括消除媒体先入为主的认知，帮助公关人员执行工作。其弊端则是大多数记者都认为新闻发布会是一个冷漠的，并非人性化的收集信息的场所。新闻发布会的基本模式是古怪且令

人不愉快的。被采访者通常坐在台上，凌驾于采访者之上，明亮的灯光集中在被采访者身上，使他们很难看清采访者。同时，新闻发布会在同一时间向大量听众传播信息的形式否定了竞争，也影响到某家媒体获得独家消息的机会。

4. 宴请的组织与安排

宴请招待活动是体育组织以餐饮及其他形式款待相关人士的一种公共关系专题活动。宴请活动不是一般的请客吃饭，它是体育组织与公众之间联络感情的一种重要活动。宴请形式多种多样，有宴会、招待会、茶话会、冷餐会、酒会、工作进餐等。采用何种宴请形式，要根据活动目的、邀请对象以及经费开支等各种因素而定。

（1）宴请目的要明确。一般的宴请都有明确的目的，如庆祝纪念日、庆功、招待来访代表团等。只有明确宴请目的，才能在邀请人员、级别、人数、规格上不会出现错误。

（2）确定宴请规格。根据宴请的目的来确定宴请规格。一般地说，贵宾来访、重大庆典举办正式宴会，规模较大，规格较高；工作性的会议，为庆祝新产品研制成功，举行一般宴会，既庄重，也不拘谨，人数、桌数也不限定，规格相比正式宴会可较低一点；招待合作者、小批量客人来访，洽谈工作，则举办便宴，可以边吃边谈，不拘形式，气氛随和；如果人数众多，可举办冷餐会、鸡尾酒会，这样，宴请规格与实际效果、会场气氛更吻合。

（3）选择好宴请时间和地点。宴请时间应对主、宾双方都合适。注意不要选择宾客的重大节假日、重要活动或有禁忌的日期或时间。宴请地点的选择要考虑环境因素、交通条件、规格高低、规模大小、宴请形式、供应特色、主人意愿及实际可能。

（4）确定邀请对象与形式。宴请对象要根据宴会的性质与目的来确定，要考虑邀请到哪一个级别，请多少人，主人一方由谁陪伴。宴请要采取什么样的形式，要兼顾宴请的性质、对象，并结合当地的惯例、风俗。人数少、规格高的宴请活动应以宴会为宜；人数多、规格低的宴请活动则以冷餐会或酒会更为合适。

（5）宴请的组织接待工作。宴请的组织接待工作需注意：

① 及时发出请柬：请柬要精心制作，设计上尽量有特点，提前一周发出，并最好由专人送达。

② 要适合宾客的口味：订菜要考虑宾客的民族、习俗、年龄、健康情况等因素，菜肴以宾客喜好为标准，也可预订本地的特色菜肴。

③ 认真安排座次：除冷餐会外，每桌都要标明座位卡，宾主双方要交错就位；要考虑相邻人的职位、身份差异不能太大，有共同语言；宴会如超过两桌，应设主桌，将贵宾安排在明显位置。

④ 注意调节宴会氛围：要引起多数人的交流兴趣，提出一些共同的话题；在交谈过程中随时介绍主宾双方的人员，利用敬酒机会消除冷落、沉默的气氛。

第二节 市场推广

什么是市场推广？从字面上来看，推即推动、促进，广是拓宽、拓展，推广即聚焦、放大、沟通，以及说服消费者购买的过程。所谓市场推广是指企业为扩大产品的市场份额，提高产品销量和知名度将有关产品或服务的信息传递给目标消费者，激发和强化其购买动机，并促使这种购买动机转化为实际购买行为而采取的一系列措施。它对某个产品的性能和特点进行宣传介绍，使消费者接受、认可和购买，是销售和营销的手段和方式。

体育经纪项目的市场推广是经纪人为提升体育经纪项目的知名度，实现经纪项目市场价值最大化而作出的经营推广决策。经纪人必须知道何时培养大市场，何时专注于现有市场，何时接洽新的经纪项目和何时延伸现有经纪项目，何时在市场渠道中采取"推"的策略，何时采取"拉"的策略，何时保护国内市场，何时进攻性地进入国外市场，何时为市场推广增加预算，何时削减开支。

一、体育经纪项目的市场价值

（一）体育经纪项目市场价值含义

根据古典经济学的观点，价值是客体的属性、功能对主体效用的满足关系。价值不是客体本身或者客体的功能本身，而是客体对主体的效用和满足，离开了主体，客体的价值就不存在。所以价值体现在客体上，但反映的却是主体的效用满足度。任何商品的价值都是客观存在的，其实现和体现都是价值消费的过程。虽然主体对其价值的评价存在正确与不正确，公正与不公正的问题，但都是属于主体主观认识的矛盾，并不能否认客体的客观价值。所以只要存在市场，商品的价值就会受市场客观因素的影响和制约，最终由市场决定其价值的量化体现。市场永远是公正的、客观的，价格虽然受供求关系的影响不断波动，但永远是围绕价值上下波动的。所以说，虽然商品价值永远不可能是个精确的数值，但在正常的市场交易过程中所体现的价值就是商品真实的价值，即市场价值。同时，商品也只有在市场上发生交易，才能真正体现其价值。

体育经纪项目市场价值是指该经纪项目现时在市场上实际价值（价格）。它是由经纪项目本身、消费者、市场环境、信息等因素决定的。体育经纪项目的市场价值同时也是市场上一段时间反映的具体价值量，并随着时间的推移而时高时低的变化。分析体育经纪项目市场价值必须把经纪项目放在其生存的空间——市场中去考虑和分析，让市场对体育经纪项目价值做基于市场自身的价值评判才能真实地反映体育经纪项目的实际价值。同时只有在充分发育的体育市场上，各种市场要素自由流动，经纪项目才和其他一般商品一样具有其价值的一般形态，也才能用定量或定性的指标对价值进行分析和研究，以指导现实体育经纪活动。

（二）体育经纪项目市场价值要素

不同体育经纪项目的市场化程度差异很大，即使是在北美和欧洲等体育和经济都很发达的国家，能够进入市场的体育经纪项目也是少数。体育经纪组织经纪体育项目的目的，从社会的角度是为了推广体育项目，从市场的角度则是为了获取商业利润。从事体育项目经纪活动，首先需要对经纪项目的市场价值进行可能的商机判断。体育经纪项目市场价值的要素主要包括：

1. 从经纪项目本身来看

（1）经纪项目的观赏价值。体育经纪项目的市场价值往往与项目本身的参与和观赏价值密不可分，那些充满活力与激情，具有很高审美价值、时尚元素以及与现代人的生活方式与心理需求相吻合的项目，都很受人们的青睐。同时，经纪项目的观赏价值也离不开包装和宣传策略、市场营销和商业运作等良好公共关系的建立。经纪项目的市场推广不同于一般商品的市场推广，在重视经纪项目的经济功能时，还应重视其社会功能，这就是体育经纪项目所特有的社会与经济双重价值。

在美国，棒球、篮球、橄榄球、冰球之所以成为主流运动项目，是由于相关体育组织和经纪推广公司广泛开展的、针对这些运动特点的市场推广技术吸引了人们的注意和广泛参与。这些市场推广技术的一个共同特点是，都十分重视明星运动员与公众的亲密接触和明星与公众良性互动的公共关系活动，通过这些积极的市场推广策略，使明星运动员得以展示其良好的公众形象，提高其无形资产价值，并借此推动这些运动项目的发展，使之逐渐成为美国的主流运动项目。

（2）明星运动员的参与。体育经纪项目的市场价值体现在能否吸引人们的广泛关注。在当今的体育经济市场，体育赛事的组织者和推广商几乎无一例外地都采取了明星策略，即能否邀请到明星运动员参赛往往成为决定赛事推广成败的关键。篮球界的詹姆斯、科比，网球界的德约科维奇、纳达尔，足球界的梅西、小罗纳尔多，赛车界的汉密尔顿、阿隆索，高尔夫球界的伍兹以及田径界的苏炳添、鲍威尔等，都是各自领域的顶尖人物，在全球范围内具有非常高的知名度和影响力。体育经纪公司在设计赛事计划时，应当将邀请明星运动员参赛作为最重要的谈判筹码，因为对于拥有运动员产权的体育组织而言，明星运动员往往是体育组织中最有市场价值的资源。明星运动员能否参赛，无论对于赛事组织者和推广商，还是对于赞助商和新闻媒体，直至赛会的现场观众和电视观众，都是至关重要的。

2. 从消费者本身来看

经纪项目市场价值还取决于消费者对商品的认可程度和需求强度。

（1）消费者对经纪项目的认知价值是决定其市场价值的心理因素。所谓商品认知价值是指消费者对其所购商品获得的各种利益的总体评价。这种评价因为个人的经历、背景、家庭经济收入、知识层次、所处生活与工作环境、个人性格与好恶等方面的差异，造成对经纪项目不同要素认识的差异，即消费者对每个要素的重视程度不一样，所以消费者对某种经纪项目价值评价也是不同的。赛事推广商如果不能在自己的目标市场上很好地把握它，找准顾客的诉求点，就会造成经纪项目市场价值得不到充分体现。

（2）消费者的需求强度是构成经纪项目市场价值的主观原因。所谓消费者需求强度是指消费者希望得到某种商品的欲望程度。需求强度越低其市场价值越低。例如，美国某公司准备开辟太空旅游，看起来这项服务很新奇，有相当强的刺激性，符合美国人的生活方式，找准了诉求点，其市场价值会很高，但最终因仅有一人报名参加而草草收场，究其原因是消费者对此的需求强度极低，市场价值接近于零。

3. 从竞争环境来看

（1）供求关系是构成经纪项目市场价值的客观原因。众所周知当某种商品供给量大于市场需求量时，客观上就要求企业只能以较低价格来实现销售，否则只会造成商品积压，致使企业流动资金周转不灵及商品的大量浪费，此时企业无论是降价销售还是大量积压均会使商品市场价值贬值。例如，同类型的赛事过于频繁集中在某一国度或地域举行，必然会形成供大于求的买方市场，价格下滑，经纪项目的市场价值即会无形贬值。

（2）替代品性价比的提升是影响经纪项目市场价值的连带原因。所谓替代品是指能够满足同种需求的不同商品。这使得商品在一定的市场竞争条件下，形成不同的市场价值及其表现形式，价格竞争处于相对均衡的态势，一旦其中的某种商品替代品市场价值提升而价格不变，或者市场价值提升的幅度高于价格提升的幅度，这种均衡趋势就会被打破，给其他商品造成贬值的压力。例如，文化市场的大力发展和服务质量的提高，就对体育赛事的推广造成了一定的压力。

（3）市场竞争机制规范与否是影响经纪项目价值的外部原因。在市场经济条件下，企业之间的竞争应该是公平、统一、有序、规范的竞争，有统一的竞争规则。但由于各方面因素的影响，我国体育经纪市场也曾出现过无序状态，无论是赛事推广还是运动员经纪，给当事人和消费者均带来了一定的利益损害，进而使消费者对部分经纪项目市场价值的评价很低，引起市场价值贬值。

（4）广告宣传也是构成经纪项目市场价值的又一原因。现在许多经纪公司为了提升自己经纪项目的市场价值，在市场竞争中处于优势，便片面追求造势，以提高消费者对商品的认知价值，因而在利用媒体进行信息传播方面过分渲染经纪项目的功能和市场价值。这种做法其实并没有真正给消费者带来有价值的附加利益，反而增加了消费者的价格负担，使消费者在参与或观赏后产生一种名不副实的感受，产生一种失望感，最终会让消费者觉得上当受骗，造成极坏的口碑。另外，经纪项目信息提供不足，使得消费者无法准确判断经纪项目的价值所在，出现"不识庐山真面目"的情况，也可能造成经纪项目市场价值贬值。

（三）体育经纪项目市场价值分析方法

体育经纪项目市场价值是由多种因素决定的。在分析体育经纪项目的市场价值时，应该从宏观经济分析、经纪项目分析、体育经纪项目品牌提炼和体育经纪组织分析四个方面着手，才能对该经纪项目的市场价值有一个全面地认识。

1. 宏观经济分析

宏观经济的走向决定了体育经纪市场的长期趋势。只有把握宏观经济发展的大方向，才能较为准确地把握经纪市场的总体变动趋势、判断整个体育市场的投资价值。宏观经济状况良好，大部分的公司经营业绩表现会比较优良，体育需求也相应有上涨的动力。为了把握国内宏观经济的发展趋势，投资者有必要对一些重要的宏观经济运行变量给予关注：首先是该地区国内生产总值（GDP）。地区国民生产总值是地区经济总体状况的综合反映，是衡量宏观经济发展状况的主要指标。通常而言，持续、稳定、快速的 GDP 增长表明经济总体发展良好，体育经纪项目成交率高，也有更多的机会获得优良的业绩，从而给经纪人带来更多的佣金；如果 GDP 增长缓慢甚至负增长，宏观经济处于低迷状态，经纪项目的赢利状况也难有好的表现。

2. 经纪项目分析

不同的经纪项目由于其历史的、文化的、经济的和消费者心理偏好等多方面的原因，决定了不同经纪项目的投资价值会存在较大的差异。进行经纪项目分析需要关注的是：经纪项目本身所处发展阶段及其在国民经济中的地位；影响经纪项目发展的各种因素及其对经纪项目影响的力度；经纪项目未来的发展趋势；经纪项目的投资价值及投资风险，以及体育消费者的观赏性体育消费需求的动态变化趋向，这些都是影响或决定体育经纪项目成功与否的关键。

3. 体育经纪项目的品牌提炼

奥运会和世界杯已经成为全球最负盛名的品牌体育赛事，其他还有环法自行车赛、世界一级方程式锦标赛、欧洲五大职业足球联赛等。这些著名的品牌赛事除了提供精彩激烈、扣人心弦的竞技对抗之外，还提供了一种历久弥新的文化和艺术感受，使全球大众为之痴迷，这就是体育赛事的品牌魅力和品牌效应。

体育赛事的品牌提炼取决于赛事组织者和经营者的战略定位和发展策略。决定赛事能否成为品牌的最重要的影响因素有：参赛运动员的竞技水平、商业合作伙伴的影响力和主流宣传媒体的覆盖面。赛事的品牌提炼过程，就是保持和提高参赛运动员的国际排名等级，保持和提高赞助商的经济地位和赞助强度，保持和提高电视和其他媒体的强势宣传报道，并不断提高体育赛事市场运作的专业化水平。

4. 体育经纪组织分析

当前，体育经纪活动运作的复杂性与高风险性，决定了体育经纪组织必须具备很高的职业化和专业化水平，也就是说，体育经纪项目的运作必须与体育经纪组织的能力与资源相匹配。只有具备了很强的市场运作能力、丰富的实践经验、结构合理的人力资源、精心的策划与设计以及与相关组织之间的良好沟通与协调，才能确保体育经纪项目的价值得到充分的体现。

二、体育经纪项目的形象设计

体育经纪项目的形象是社会公众对其整体的印象和评价，它由项目的理念、效用、品质、环境与氛围等要素构成。如果一个体育经纪项目拥有良好的社会公众形象，就会有强大的市场号召力、可持续发展的生命力和与其他对手抗衡的竞争力。

（一）体育经纪项目形象设计含义

形象是人的精神面貌、性格特征等的具体表现，并以此引起他人的思想或感情活动。它就像一种介质存在于人的主体和客观的环境之间。每个人都通过自己的形象让他人认识自己，而周围的人也会通过这种形象对我们作出认可或不认可的判断。这种形象不仅包括人的外貌与装扮，而且包括言谈举止、表情姿势等能够反映人的内在本质的内容。

同样，体育经纪项目形象设计是指将经纪项目的理念、精神与文化，运用整体表达的形式传达给社会大众，使其对该体育经纪项目产生一致的认同感或价值观，从而形成良好形象的过程。

现在的体育市场竞争，首先是形象的竞争，推行形象设计，把体育经纪项目作为品牌形象设计战略，已成为现代经纪市场的基本战略。为统一和提升项目的形象力，使其项目形象表现出符合社会价值观要求的一面，经纪人就必须进行其形象管理和形象设计。

（二）体育经纪项目形象设计方法

体育经纪项目形象系统以项目定位或项目经营理念为核心，包括项目内部管理、对外关系活动、广告宣传以及其他以视觉和音响为手段的宣传活动在内的各个方面，对其进行组织化、系统化、统一化的综合和设计，力求使经纪项目的所有方面以一种统一的形态显现于社会大众面前，营造出良好的形象。

1. 经纪项目形象设计构成

（1）经纪项目理念文化形象。为项目形象之魂，是经纪项目独具特色的经营理念、经营思想，是对该项目当前和未来一个时期的经营目标、经纪营销方式和经纪营销形态所做的总体规划和界定，主要包括经纪项目品牌的精神、价值观、信念、经营宗旨、经营方针、市场定位、产业构成、组织体制、社会责任和发展规划等。

（2）经纪项目行为文化形象。为项目形象之本，是经纪人实践经营理念与创造文化的准则，是对该项目运作方式所做的统一规划而形成的动态识别系统。经纪项目行为文化形象应以经营理念为基本出发点，对内是建立完善的组织制度、管理规范、行为规范，对外则是开拓市场调查，进行项目开发，透过社会公益文化活动、公共关系、营销活动等方式来传达项目理念，以获得社会公众对该项目识别认同的形式。

（3）经纪项目视听文化形象。为项目形象之基，是以经纪项目标志、标准字体、标准色彩、标准音为核心展开的完整系统的视听传达体系，是将经纪项目理念和行为抽象语意转化成具体符号的概念，塑造出独特的项目品牌形象。它在经纪项目形象设计系统中最具有传播力和感染力，最容易被社会大众所接受，具有主导地位。

2. 经纪项目形象设计的规划流程

（1）实态调查阶段。把握项目的现况、外界认知和设计现状，并从中确认项目给人的形象认知状况。

（2）形象概念确立阶段。以调查结果为基础，分析项目内部、外界认知、市场环境与各种设计系统的问题，来拟订项目的定位与应有形象的基本概念，作为形象设计规划的原则和依据。

（3）设计作业展开阶段。根据项目品牌的基本形象概念，转变成具体可见的信息符号，并经过精致作业与测试调查，确定完整并符合项目的形象系统。

（4）完成与导入阶段。重点在于排定导入实施设计方案的优先顺序，策划项目的宣传（广告）活动及筹组形象设计执行小组和管理系统，并将设计规划完成的形象系统制成标准化、规格化的手册或文件。

（5）监督与评估阶段。形象设计的设计规划仅是前置性的计划，要落实建立项目形象，就必须时常监督评估，以确保符合原设定的形象概念。

三、体育经纪项目的宣传媒介

体育经纪组织总是积极寻求建立与体育公众或体育赞助机构的相互了解、相互支持和相互依存的公共关系，这种关系的建立主要依靠传播和沟通来实现。从这个意义来说，体育经纪项目的市场推广就是体育经纪公司或经纪人通过宣传媒介与公众或赞助机构进行沟通的过程。

（一）体育经纪项目宣传媒介类型

体育经纪项目宣传媒介不同传播方式之间的一个区别标志就是宣传媒介的区别。人际媒介一般使用口语和体语媒介；大众媒介应当使用大众传播媒介，如印刷媒介和电子媒介；群体媒介和组织媒介也要根据目标公众的不同选取不同的媒介。体育经纪项目宣传实际操作中涉及各种不同的沟通技术和传播媒介，选取的标准主要取决于媒介的功能。

基本宣传媒介的社会功能主要有传播思想、实施教育、交流信息、沟通情感、事实报道、社会监督、娱乐休闲、文化传承、艺术欣赏等功能。根据大众传播的主要功能和公关活动所涉及的主要宣传媒介种类，我们可以明确，在体育经纪项目宣传活动中所使用的宣传媒介主要有言语媒介、印刷媒介、电子媒介和其他媒介。

（二）体育经纪项目宣传媒介特点

1. 言语媒介

言语媒介也称语言媒介，主要指体育经纪项目通过个人在人际传播中使用的各种信息传递方式。它包括有声语言和无声语言两大类。有声语言，即口头语言，又称口语，口语传播专指传播者（说话人）通过口腔发声，并运用特定的词语和语法结构及各种辅助手段，向受传者（听话人）进行的一种信息交流。有声语言传播在体育经纪项目宣传活动中的运用是有技巧可言的。公关语言技巧是传播者在了解和认识传播规律的基础上，对言语的特点加以艺术性运用的一种方法，它是体育经纪项目宣传实务的基本传播手段，在日常接待、新闻发布、演讲、沟通性会议、公务谈判和演说等场合应用非常广泛。它主要包括说话的技巧、听话的技巧、提问的技巧和演讲的技巧。无声语言，也称非语言传播。它主要是指借助非有声语言来传递信息、表达感情、参与交际活动的一种不出声的伴随言语，分为默语和体语，它的使用也是有技巧可言的。

2. 印刷媒介

印刷媒介就是印刷类传播媒介，它是借助大量复制、快速显现的印刷技术而进行的图形和文字传播手段。它是用于小团体范围传播和人际传播，但主要属于依赖大规模印刷技术的大众传播手段。它是以文字、图片形式将信息印刷在纸张上所进行的传播，如报纸、杂志、传单、图片和招贴等。在体育经纪项目宣传实务活动中，以上几种形式的印刷媒介使用频率很高。

（1）报纸。它是以刊登新闻为主的定期出版物，传播体育经纪项目的宣传信息。其特点很明显：报纸是整张发排印刷的，通过版面空间的排列，将各种信息高度结合在一起。报纸的新闻资料一般是公布性和告知性的，时效性较强，另外报纸的发行是周期性的。作为具有以上特性的报纸，对体育经纪项目宣传组织宣传自身形象，是一种非常有力，又十分有效的手段。

报纸的优势是便于选择，便于保存，信息量大，经济实惠。报纸的这些优点，是我们至今仍然将其视为体育经纪项目宣传工作的重要传播媒介的原因。报纸也有其自身的局限，它属于文字和图形的印刷物，对于一些直观的图形来说，也许会使人一目了然。但是报纸绝大部分的内容是文字符号和规范的图形符号，所以报纸受文化水平的限制，没有识字能力的人无法接受报纸媒介的传播。另外，报纸属于静止媒介，没有动感和变化，所以它的生动性和及时性不如广播和电视。在体育经纪项目宣传中，如果是力求生动、逼真、传神的内容，就要考虑选择实物或电子媒介。

（2）杂志。它是以成册装订的形式刊出的定期出版物，传播体育经纪项目的宣传信息。杂志的内容含量大，分类排列的内容详尽，全面。杂志的特点也是很明显的，一般说来杂志内容分类清晰，专门性强，对某一方面的信息传播集中、深入，适合专门性研究和信息的获得。另外杂志对于特殊的内容也可以深入分析、专门传播，目标性和指向性也较突出。杂志的资料性、解释性和学术性比一般的媒介更强，更有史料价值。在体育经纪项目的宣传工作中，如果侧重于深入宣传和进行公关理论研究工作，就要注意选择杂志。

杂志的优势十分明显。由于它成册装订、定期出版的传播方式，特别是专业化的信息传播方式使杂志种类繁多，形式多样，同时杂志对于专门的内容可以多方面、多角度传播，内容丰富，针对性强。另外，由于杂志的装订形式，也使它外形精美，吸引力大。杂志的局限性主要有两点，一是发行周期长，新闻性弱，时效性差；二是对读者的文化水平要求高，相对价格也较高，这是因为其成本比报纸高。在体育经纪项目宣传中，如果内容专业性强，要求一定的文化和艺术内容的信息传播，就要选择杂志；如果强调新闻性、快捷性，就应当选择报纸和电子媒介。

（3）传单、图片和招贴。体育经纪项目的宣传还要用到其他一些印刷媒介，在印刷媒介中，还有诸如传单、招贴和图片等印刷品，它们具有不定期、不专业、偶然性强和针对性强的特点。

传单：属于单张性的宣传印刷品，内容单一，针对目标集中的内容进行传播，如企业简介、产品说明、产品目录、经营特色、促销宣传品和邮递广告等。

图片：通过平面构图传递形象信息，具有准确、客观、逼真的特点。适合于直观、快速、醒目地传递体育经纪项目的宣传信息。

招贴：印刷后的图文单页资料，利用公共场所进行公开悬挂或张贴的传播形式。它是其他主要媒介的辅助手段，有醒目、明确的特点。

3. 电子媒介

电子媒介是需要运用专门的电子接收和发送设备来传播体育经纪项目宣传信息的传播媒介。它以电波的形式传播声音、文字、图像，运用专门的电子设备来发送和接收信息。电子媒介主要有广播、电视、电影、录音、录像、幻灯、多媒体电脑和网络。在这些媒介中，既有人际传播使用的录音、录像，又有小群体传播使用的影像和幻灯等，更有大众传播使用的广播、电影、电视。网络是一种特殊的媒体，从传播范围上讲既适合个人，又适合群体，更适合大众。

（1）广播。如果说印刷媒体使体育报道和体育明星家喻户晓，那么无线电广播的出现就给这些报道配上了声音，使人感到身临其境。广播是指通过无线电波或导线传送声音的传播媒介，是最先普及的大众电子传播媒介，它以声音为传送形式，作用于人的听觉器官。

广播的优势在于：传播迅速，覆盖面广；通过口语、音响传播，传播形式较生动，有现场感；机动性强，鼓动性大；成本低廉，普及率高。在体育经纪项目宣传及传播活动中，如果要追求短期内的轰动效应，优先选择的媒介应当是广播。

广播的局限性也很突出：首先是它只闻其声，不见其人；其次是稍纵即逝，不便保存；再次是无法选择，检索性差；最后是它顺序播出，无法捕捉重点。

（2）电视。用电子技术传递声音和活动图像的传播媒介。电视第一次将人的视听结合在一起，在较以往任何传媒都真实的基础上传递信息，它既作用于人的听觉，又作用于人的视觉，是一种较全面的传播方式，比其他媒介更生动、传神、直观、迅速。

电视的优势首先是真实感强，结合了图、文、声、色四种因素；其次电视的娱乐性强，可以同步传送，使人有身临其境的参与感；再次是电视信息传播快速且真切，并有直观的艺术性。另外电视传媒前途广阔，尚待开发的领域很多，如数字化、立体化等。

电视的不足之处是它传播的内容稍纵即逝，无法保存；顺序传输，无法选择；设备复杂，制作成本昂贵；特别是它不能依靠个人或少数人完成，往往是众多人形成专门性组织共同协作的结果，这就造成在公关工作中选择电视传播媒介，不得不考虑其价格的问题。如果是没有一定的资金支持，就无法选择电视传播媒介。

（3）多媒体电脑和网络。多媒体电脑是指通过增加配置而集印刷媒介和电子媒介功能于一身的电脑。具体来说作用如下：它能够播放 CD 盘、VCD 和 DVD 影碟；通过互联网能直接接收广播、电视节目；还能通过联网传播报纸、期刊、图书资料等内容，从而具有了印刷的功能。不仅如此，它还能直接传播网上广告、文字信息、图片。另外，它还具有人际关系沟通功能，在网上聊天谈生意，交流思想。总之，多媒体电脑具有计算机、文字处理机和报纸、广播、电视、电话、录音、录像、传真等多种媒介功能。

网络，又称电子网络，这种新媒介是报刊、广播、电视之后的"第四媒体"。它把一台台孤立的计算机联成网络，可以用于连续的电子信息传递，包括电子邮件、文件传递以及个人或计算机群之间的双向传播。它可以实现全球信息的高速传递和共享。包括多媒体电脑在内的计算机只是提高了人类处理、存储信息的能力，而计算机的网络化却大大提高了人类交流信息的能力。它使人与人的联系实现真正意义上的交流，而不仅仅是传播。网络不仅具有报纸、广播、电视等传播媒体的一般特性，而且具有数字化、多媒体、适时性和交互式传递的独特优势。流动在互联网上的信息有丰富、多样、及时、面向全球、自由、交互的特点。总之网络是我们传播媒介的最终方向。对于体育经纪项目宣传及传播来说，利用互联网传输是一种必然。

（4）电影、录音、录像、幻灯片。在体育经纪项目宣传的传播活动中，也经常使用诸如电影、录音、录像、幻灯片等传播媒介。

电影：使用摄影机摄制影像，并利用化学冲印手段将影像固定在胶片上，再利用电子放像设备传送的传播手段。由于电影制作手法比较复杂，因此这种传播媒介多用于文化、艺术作品的传播，在体育经纪项目宣传工作中，较少选用。只有要求制作艺术内涵深刻的体育经纪项目宣传节目，或者要求进行高清晰度、意境很强的信息内容传递时，才考虑使用电影手段。例如，许多制作精致、高档的广告节目是用胶片方式制作的。电影的优势在于取材广泛，无所不包；内容形象、生动、具体，表现手法多样，可虚可实，老少皆宜，雅俗共赏。但其不足在于成本高、程序多、周期长，不便普及。

录音和录像：利用电子录制设备对声音和声像进行保留的一种传播媒介。录音对声音进行录制后，可反复播放；录像也是一种可重复播放的传播媒介，只不过它既复制声音也复制图像，在体育经纪项目宣传中常用于实录和重复性内容的传输。例如，录像笔等设备用处广泛，使用灵活，声情并茂，可以用来现场采集信息，也可以在接待参观时做资料介绍，宣传讲解。还可以用于闭路电视系统，内部培训业务；给客户提供展示等。再如，录音设备有携带方便、操作简单、反复使用、经济普及的特点，它广泛地用于会议重要内容的重复播放，也用于庆典活动和展览活动，以及在销售宣传中制造背景音乐、渲染气氛、播放口号。

幻灯片：将摄影底片制作成底片，或者用专用软件制作电子文档，用投射仪播放的一种传播媒介，它一直是会议演讲、专题报告、展览说明的辅助手段。在体育经纪项目宣传活动中，一般不用作主要的传播工具。

4. 新媒介

随着人们生活方式的转变和技术进步引起的媒介形态的变革，出现了微信、微博、短信广告、手机彩信、手机报、手机客户端广告、来电显示广告、二维码广告、网游植入广告、手机电视广告、定位广告、小区广播等丰富多彩的媒介形式。这些新媒介与传统电视、广播、报纸、杂志媒介等在媒介特性及传播模式上都存在很大的差异，除了会对传统媒介起到一定的影响外，亦给体育市场推广的媒介选择带来更为广泛的空间，进而做出相应的策略调整。新媒介的"新"指的是它与传统媒介的区别。这些区别，除了因新技术所带来的数字化、大容量、易检索性、高交互性等显而易见的特征外，还具有传播主体的多元化，传播内容和形式的多样化，传播行为的主动性、异步性以及新的传播效力等传播学意义上的特征。主要可以从下列四个方面理解新媒介的特征。

技术层面：利用数字技术、网络技术和移动通信技术。

渠道层面：通过互联网、宽带局域网、无线通信网和卫星等渠道。

终端层面：以电视、电脑和手机等作为主要输出终端。

服务层面：向用户提供视频、音频、语音数据服务、在线游戏、远程教育等集成信息和娱乐服务。

（1）手机终端媒介。手机终端媒介是借助手机进行信息传播的工具。随着通信技术（例如5G）、计算机技术的发展与普及，手机将逐渐成为具有通讯功能的迷你型电脑。手机媒体是网络媒体的延伸，它除了具有网络媒体的优势之外，还具有携带方便的特点。手机媒体真正跨越了地域和电脑终端的限制，拥有声音和振动的提示，能够做到与新闻同步；接受方式由静态向动态演变，受众的自主地位得到提高，可以自主选择和发布信息，信息的及时互动或暂时延宕得以自主实现；使得人际传播与大众传播完满结合。

（2）网络电视。网络电视（IPTV，是 Internet Protocol Television 的缩写）是以宽带网络为载体，通过电视服务器将传统的卫星电视节目经重新编码成流媒体的形式，经网络传输给用户收看的一种视讯服务。网络电视具有互动个性化、节目丰富多样、收视方便快捷等特点。

（3）博客。博客指写作或是拥有 Blog（或 Weblog）的人。Blog（或 Weblog）指网络日志,是一种个人传播自己思想,带有知识集合链接的出版方式。

(4)自媒体。自媒体是指普通大众通过网络等途径向外发布他们本身的事实和新闻的传播方式,是以现代化、电子化的手段,向不特定的大多数或者特定的单个人传递规范性及非规范性信息的媒介的总称。

(5)户外新媒体。户外新媒体是新近产生的,有别于传统的户外媒体形式(广告牌、灯箱、车体等)的新型户外媒体。户外新媒体以液晶电视为载体,如楼宇电视、公交电视、地铁电视、列车电视、航空电视等,主要是新材料、新技术、新媒体、新设备的应用,或与传统的户外媒体形式的相结合,使得传统的户外媒体形式有质的提升。

5. 其他传播媒介

在体育经纪项目宣传工作中,除了使用语言媒介、印刷媒介、电子媒介,还要用到一些其他的媒介形式。事实上这些媒介和以上几种媒介都有密切的联系,甚至可以属于这几种媒介的组成部分,我们在这里一并做大致介绍。

(1)小众化媒介。在有限范围内的传输媒介,是专门针对小团体的。如有线电视、专业化频道、会员内部交流的信息资料等。

(2)个人传播工具。例如,公用电话、个人座机电话、移动电话。另外还有图文传播系统,即凭借电话线路,可将书信、文字资料、图像资料保真传输的传播系统。再如电信,这是一种经济的电子传播方式,有社会电话、礼品电报、鲜花电报、生日电报等。在个人传播工具中还有私人信函、卡片,这些都是针对特定对象的。以上几种个人传播工具既有印刷的,也有电子的。

(3)体育经纪项目宣传品。主要有体育经纪项目宣传刊物,即组织编辑、发行的小报、杂志、通讯和内外传阅资料,它们定期发行,免费分发;还有书籍、小册子;配合特定主题内容编制的文案、影集、画册或宣传手册。另外还有海报等宣传品,主要是用来配合一些活动主题制作的宣传海报、横幅、彩旗、不干胶宣传品等。

(4)图像标识。主要有照片、图画以及标识系列。通过平面构图传递形象、信息。照片比图画更准确、客观、逼真;图画比照片更灵活,更富创造性、想象力和表现力。这些方式适用于体育经纪项目宣传橱窗展示和展览陈列活动。另外还有标识系列,它是以特殊的文字、图形、色彩的设计,构成组织的形象标志,以区别于其他组织和产品包括商标、徽标、品牌名称,以及包装、门面、办公用品、运输工具、环境装修、人员装束等,所有这些都能传播体育经纪项目宣传组织的各种信息。

(5)人体活动媒介。人体作为媒介主要指两个方面,一是人体语言,即人的表情、动作、姿态以及服饰等非语言传播,这些内容我们在前面已有所介绍,这里不再重复。二是人的活动。人的行为以及各种活动本身也是一种高效率的、感染力很强的传播手段。例如,传播者以身作则的行动,诚恳的态度,认真的作风都会传达丰富的信息。在各种体育经纪项目宣传活动中,人体活动传达的内容既是生动的,也是必不可少的,更是最具说服力的。

（6）实物媒体。实物本身也是信息载体，在体育经纪项目宣传活动中也应大量使用，它具有与一般符号媒介所不同的特点。例如，产品及其劳务本身就是一种最实在、最可信赖的信息载体，它通过质量、款式传达出最原始的信息，因此产品本身在体育经纪项目宣传活动中应当是主角，事实上它常常参与展览、赞助活动。另外体育经纪项目宣传礼品作为带有本组织标识的实物宣传品，也是组织的传播工具。还有象征物和模型，作为传递组织各种观念、管理方式、产品信息的媒介，也经常出现在大型的活动中和实物展览会上。

（7）特别活动媒体。在许多创意独特、形式特殊的体育经纪项目宣传活动中，形象生动的活动过程也作为媒介传递体育经纪项目宣传信息。例如，风筝节中的"风筝"、锣鼓节中的"锣鼓"等，作为特殊的媒介形式维系着体育经纪项目宣传活动的全过程。

第三节 活动监控

体育经纪业务活动是不是有了好的创意以及完善的战略规划，就可以实现预期目标了？著名经济学家吴敬琏曾说："中国不缺少战略家，缺少的是不折不扣的执行者。"这句话实际上是阐述了战略之外，活动过程监控的重要性。

一、体育经纪业务实施过程监控的含义与作用

（一）体育经纪业务实施过程监控含义

体育经纪业务实施过程监控是指对体育经纪业务的实施进行监督、控制的过程。监控过程是调节组织行为，使其与绩效标准、目标和计划相一致的系统过程。控制论将控制过程理解为"调整、检查、评价、制约"，体育经纪业务实施过程的监控过程可以简单地描述为"衡量、比较、纠正"（图4-3-1）。

第一步，衡量实际绩效。这个步骤涉及三个关键的问题：衡量什么？怎么衡量？由谁来衡量？衡量什么的问题即确定衡量的标准，许多活动可以用确定的或可度量的术语来描述，所以一般情况下都会把活动分解成能够量化的工作，即使不能用量化方式表达，管理者也应该寻求主观衡量标准。怎么衡量的问题即衡量的依据。

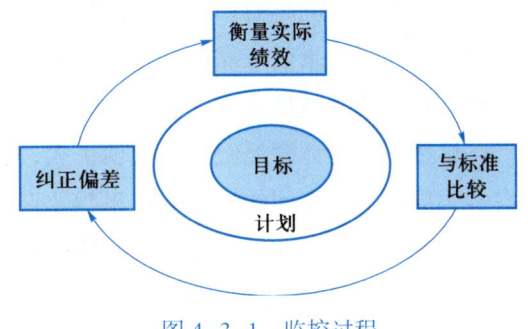

图4-3-1 监控过程

第二步，与标准比较。与标准比较可以发现实际工作与标准之间的偏差，如果偏差超出可接受的范围就需要引起管理者的注意。

第三步，纠正偏差。一般来说，如果偏差在可接受范围内，就可以维持下去；如果偏

差超出可接受的范围，但不是很远，就要采取纠正行动；如果偏差超出可接受的范围很远，就要考虑是不是要修订标准，当然要先弄清楚偏差产生的原因再采取相应的行动。

总之，监控是一个持续改进的过程，上一次控制过程中得出的改进方案可以为下一次控制过程提供参考，通过日积月累，就会逐步形成一个比较适合自身的参考标准。

（二）体育经纪业务实施过程监控的作用

战略规划是事先对未来应采取的行动所做的规划和安排，而监控则是为了保证各项行动按计划开展并纠正各种显著偏差而对各项活动进行监视的过程。规划和监控两者相得益彰，可以说，规划是保证体育经纪公司做正确的事，而监控则是保证体育经纪公司正确地做事。

规划与监控工作贯穿体育经纪业务执行全过程。体育经纪公司所有的管理活动几乎都与规划和监控过程相联系。不管是业务活动，还是人事调整，甚至有关员工生活、福利方面的问题，都与规划和监控过程有一定关联。

规划和监控与体育经纪公司的所有层次、所有成员有关。体育经纪公司的各层次、各部门、各类人员，都在一定程度和范围内从事规划和监控工作，通过监控履行自己的职能。

不论对体育经纪公司中的个人，还是体育经纪公司整体，规划和监控过程都是必不可少的。对个人而言，不论是处理决策问题还是处理操作问题，都不可能随环境条件的每一步变化采取相应的措施，必须根据环境条件的基本趋势把工作的基本框架确定下来。换言之，监控系统是适应环境变化，有步骤、有安排地开展工作的基本手段。

对体育经纪公司而言，任何集体协作性质的工作都需要事先筹划、安排、调整和沟通。在协作活动进行过程中，还要通过必要的沟通和调整行为保证计划任务按部就班地完成，并且在出现问题时纠正计划的偏差。所有这些工作，都需要有一套基本的工作程序和规范来管理。如果仅依靠个人或部门之间随机的、无序的自发沟通和协调，则达不到整体协调一致、按部就班完成计划任务的目的。

显然，随着体育经纪公司规模扩大，公司的业务规模也在增大，需要沟通的问题也会增多，部门、层次间的协调会越来越复杂。小公司或许可以没有明确的监控系统，但大公司却一刻也离不开这样一套完整的监控体系。

一个有效的计划系统确定了体育经纪公司的发展方向，并且可以保证组织目标的实现，而一个监控系统可以保证公司的各项活动都朝着达到公司目标的方向开展。监控系统越完善，管理者实现公司目标就越容易。

本质上说，一旦制订或选择了一个战略，就必须将其转化为操作层次可以理解和实施的条款。在宏观层次，操作计划是战略管理过程实施阶段的一部分。我们可能会认为一旦设立了目标，而且宏观和微观层次的操作计划准备完毕，管理者的任务也就基本完成了。然而，体育经纪公司的管理者还应负责监督执行情况并确保绩效与组织的标准和目标一致,这就是公司的监控功能。这要求绩效得到监控,落实行动去解决问题,并找出持续提高绩效的方法。一个组织的宏观和微观控制同样都很重要。体育经纪公司必须关心本公司是如何实施其战略以及在计划和实施活动时是如何实现其每日目标的。

二、体育经纪业务实施过程监控的内容

(一)体育经纪业务实施过程监控类型

项目的控制主要包括项目范围变更控制、进度控制、费用控制、质量控制、风险控制等,分别阐述如下:

1. 范围变更控制

范围变更控制即控制影响项目范围变更的因素。造成项目范围变更的原因很多,主要是项目所处的环境发生了变化,如竞争对手抢先推出了新产品,政府颁布了新的法律、法规等。具体包括:

(1)客户提出了新的要求,如客户提出在赛场周边需增加新的广告位置。

(2)项目计划时对范围定义不清楚或出现遗漏,如在场地设施安放时没有考虑到紧急出口的位置。

(3)设计人员或其他相关人员提出了新技术、新方案、新方法。

此外,还有项目小组成员的变化、合同的变更等都会引起项目范围的变更。

项目范围变更控制的依据:① 范围变更请求;② 项目的工作分解结构;③ 项目范围说明书;④ 相关合同、文档。

项目范围变更控制的步骤:① 分析项目范围变更的原因;② 评估由于范围的变更而引起的工作量、进度、费用、质量等方面的变化,以及这些变化对项目目标实现的影响;③ 制订相应的措施,包括应对措施和预防措施;④ 通知项目利益相关者;⑤ 实施范围变更控制措施,并落实、跟踪、检查。

项目的范围变更后,可能还需要修改相应的技术文件和项目计划书,事后还应当将造成范围变更的原因、采取的措施及其理由,以及由此得到的经验教训记录在项目文档中,作为以后项目的参考。另外,项目范围变更往往导致进度、费用、合同、风险等方面相应的变更。

2. 进度控制

在项目实施过程中,由于各种因素的影响,有的任务可能按时完成,有的可能提前,有的则可能拖延。某项任务的实际进度,无论是快是慢,必定会对其后续任务的按时开始或结束造成影响,甚至影响到整个项目的进展。因此,项目一开始就必须监控项目的进度,确保每项工作都能按计划进行。引起项目进度变更的原因很多,如客户要求的变化、项目成员工作效率下降或工作出错、意外情况的发生等。

进度控制就是监控项目在时间上的变化,并将其与进度计划相比较,一旦实际进度落

后于计划进度，就必须采取纠正措施，以维持项目进度的正常进行。进度控制的依据主要有项目进度表、项目进展报告请求等。

进度控制的方法总结如下：

（1）事先在关键路径上设定浮动时间。

（2）赶工期，包括通过加班来缩短关键路径上单项任务的持续时间；调整关键路径上活动之间的逻辑关系等。

（3）重新谈判，即与项目利益相关者讨论增加预算或者延长时间基线。

（4）缩小项目范围，以便减少费用、节省时间。

（5）投入更多的资源，比如增加人力、设备到工作中，这需要平衡费用与进度孰重孰轻。

（6）接受替补方案，制订一个更省钱、更现实的方案。

（7）寻求其他资源。

（8）接受部分交付物——与项目利益相关者协商能否接受部分交付物，使项目能够继续进行。

（9）提供奖金——提供奖金或其他激励措施，促使按时完成任务。

3. 费用控制

费用控制并不是一件容易的事情，当项目管理者将实际费用与预算费用进行比较时，并不能得出结论说项目的费用是否处于受控状态时，就必须借助另一个参数——费用支出时完成的工作量，才能得出正确的结论。项目的费用控制就是经常且及时地监控项目的实际费用支出情况，分析费用支出与工作绩效之间的关系，并将实际费用与预算费用进行比较，以便在情况恶化之前就能够采取纠正措施，确保项目能在批准的预算范围内完成。在跟踪项目实际费用时，请注意下列情况可能会使预算超标：

（1）不准确的费用估计或估计错误。

（2）在进行费用估计与控制时，没有相应的标准和程序。

（3）认为超出项目预算是在所难免的思想。

（4）项目跨度时间较长时发生的通货膨胀。

（5）外汇汇率下降。

（6）从供应商及分承包商得到的不是固定价格。

（7）用来保持项目进度或赶工期的是计划以外的人力费用。

（8）需要增加办公或生产场地的费用。

（9）非期望的培训费用。

（10）意外情况的咨询费用。

费用控制的依据主要有项目费用基准、预算表、项目进展报告、变更请求等。费用具体控制的方法如下：坚持专款专用的原则；制订严格的费用支出审批制度；特别关注预算成本较大的任务；重新调整费用分配；与客户协商，适当增加项目预算或减小项目的技术难度；设立储备金。

所谓储备金就是事先准备的储备费用，以便在需要的时候调拨使用。典型的储备金包括管理储备金与应急储备金，前者由管理层掌握，不在项目预算之内，用于当项目的范围发生变化而超出项目预算时；后者由项目经理掌握，作为不可预见的费用，在项目预算之内，用于在范围不变的情况下由于各种原因而超出原预算时。

4. 质量控制

质量控制就是监督、控制项目的实施结果，判断它们是否符合相关的质量标准，并采取措施消除导致质量事故的原因，确保项目交付结果的质量符合客户的要求。分析并寻求产生质量事故的原因，往往是质量控制的关键和难点。项目的质量既包括项目产品的质量，即项目的产品是否达到一定的质量标准；又包括项管理过程的质量，即项目是否在规定的时间、确定的预算内、符合项目范围要求的前提下完成。前者由质量控制部门负责，后者由项目小组负责。项目质量控制方法主要有如下几种：

（1）检查表。将要检查的内容一项一项地列出来，然后定期核实，判断是否按要求执行，具体质量检查中需要考虑的内容如下：

① 如何进行交流和沟通？

② 如何激励员工？

③ 如何评估项目的进展？

④ 如何获取项目进展的数据？需要哪些数据？

⑤ 什么时候召开项目会议？如何确定议题？

⑥ 项目的文档如何分类？由谁来保存？

⑦ 如何评估项目的变更？由谁来批准？

⑧ 如何汇报项目执行情况？由谁向谁汇报？

⑨ 如何处理各种冲突？

（2）因果分析图。这种控制方法是从人员、机器设备、材料、使用方法、环境几个方面来分析造成质量事故的原因，因其形状像鱼骨，又称鱼骨图。

（3）控制图。控制图能监控任何形式的输出变量及管理结果，如项目范围、进度、费用、质量的变化等。控制图分为计量型与计数型两种形式，可用来确定和分析产生质量问题的原因，从而采取必要的纠正措施加以控制。

（4）流程图。项目质量问题的产生，来源于各种各样条件的变化，流程图可作为一种标准的作业指导书，用来控制产品的质量。

5. 风险控制

判断一项体育经纪项目运作是否成功，并不仅仅依据项目的经济效益高低，还包括整个项目实施过程是否顺利、安全。无论是运动转会经纪，还是体育赛事推广项目，风险识别与控制都是体育经纪人首要考虑的问题。体育经纪项目运作的风险可以理解为在运动员经纪、体育赛事经纪等项目运作过程中，因为自然条件、社会条件、经济条件等诸多不确定因素的变化，导致体育经纪人对项目运作过程中，其主观预测与客观事实之间可能存在差异，继而对体育经纪项目运作造成一定程度损失的不确定性与后果的综合。基于此，体育经纪项目运作的风险控制可以认为是运用现代风险管理的手段和方法，把会对体育经纪项目运作造成损失的可能性控制到最小。

（1）体育经纪项目运作存在的主要风险如下：

① 经济风险是指由于意外事故、项目中断造成部分或全部取消而造成的经济损失风险。

② 信誉风险是指体育经纪人与相关主体之间存在信誉危机而形成的风险。

③ 项目组织工作的风险是由于体育经纪人对项目运作管理水平不高或疏忽等原因导致项目中断或取消等风险。

④ 运动员名誉风险是指体育明星作为公众人员引起的名誉危机。

⑤ 公共安全风险是指体育赛事、大型活动等项目存在恐怖袭击、场地安全，以及存在不文明不健康、有侮辱性或谩骂性、破坏民族团结、分裂国家、反社会倾向等现象而造成的安全风险。

⑥ 道德风险是指体育经纪人或者其管理的运动员的行为引发道德危机造成的风险。

⑦ 人身意外伤害风险主要是指与体育经纪项目运作有合同关系的人员，包括运动员、媒体、体育经纪人、观众、志愿者等出现意外伤害造成的风险。

⑧ 法律和制度风险是指体育经纪人由于法律法规意识淡薄，或者体育组织制度建设不足造成的风险。

（2）风险控制的具体措施与方法：

① 建立健全完善的风险管理机制与预案。

② 识别不同风险的因素。

③ 选择合理有效的风险应对及监控方式。

④ 加强对人员风险意识的培训。

（3）风险出现后应对的措施。

① 分析致险因素。

② 评估风险强度。

③ 选择风险应对。

④ 实施风险方案。

⑤ 采用过程监控。

⑥ 结果评估反馈。

（二）体育经纪业务实施过程监控项目

1. 目标变量

目标变量是指用来测定控制对象工作成果的指标。体育经纪业务实施过程中，作为目标变量的指标主要有销售增长率、总资产增长率、利润增长率、市场占有率、"老顾客"

维持率、企业品牌满意度等。总之，商业协议中的各项绩效指标，以及体育经纪业务实施过程中的每个细节的具体要求都应考虑。

2. 确定目标变量的测定方法

例如，利润在计算时需要考虑它包含哪些项目，还要考虑作为控制对象的人的行为变化。另外，在体育经纪业务中还有许多难以用数值测定的变量，如形象变化、品牌知名度、品牌满意度等，就无法用数值准确表示，而需要经纪公司通过自己的观察来测定，这是体育经纪公司的职责之一。

3. 确定事前标准

对目标变量进行测定，会发现结果与标准的偏差，这是正常的。也就是说，反馈信息的内容通常是标准与实际的偏差。如体育经纪人在业务现场巡视时，根据自己的亲身观察与头脑中所有的"业务活动正常状态"标准比较，发现偏差，形成反馈信息。从一定意义上讲，反馈需要有事前确定好的标准，监控系统中必须有明确的标准制订方法。在上述体育经纪人巡视的例子中，可以将其头脑中的"业务活动正常状态"的感觉作为标准。

4. 测定结果的沟通方式

产生反馈信息并不是监控活动的最终目的，更重要的是要以一定的方式把这些信息传送给进行监控的人，这也是监控系统设计的重要项目，即决定进行监控活动的人如何将这种信息传送给其他人。

在某些体育经纪业务活动监控的例子里，问题比较简单，体育经纪人会很自然地将观察到的事情通知有关人员。但许多问题并非如此，由于信息反馈的是人们工作的成果，是人们普遍关注的东西，而反馈信息，尤其是那些与标准不一致的反馈信息，采用不同的方式沟通，会引起人们的不同反应。因此，体育经纪人在业务活动的监控过程中，要特别注意与其他人的沟通方式。

5. 事后评价标准的确定

事后标准是指根据实际工作环境确定的目标变量的水准。在实际使用中事后标准与事前标准通常是相同的，但考虑到执行中环境的各种变化，需要制订与事前标准不同的事后标准。事前标准，在环境理想的情况下，会显得过于宽松；相反，如果环境比预想的恶劣，就会成为不合理的、苛刻的评价标准。

确定事后标准首先要考虑环境的实际变化，然后作出决定，即假设在某种环境条件下，采取适当的控制行动理应达到某一水平。事后标准的确定十分困难，人们通常是用事前标准或者用从事类似工作的人们的实际业绩的平均值代替。

尽管事后标准的确定十分困难，但它仍是业绩评价的主要标准，而且在实际运用中也往往十分重视事后的评价，所以事后标准必须公正，否则就会失去间接控制的意义。

（三）体育经纪业务实施过程监控标准

在监控系统的各种设计项目中，制订业绩标准是最基本的工作。制订事前标准和事后标准是监控过程的基础性工作。可以从三个要素去考虑——环境、事前计划、控制的努力和技巧，这三个要素对业绩决定的过程不是简单累加，而是乘积效应。业绩的好坏，首先取决于环境与事前计划相吻合的程度，同时对业务控制的努力和技巧也在很大程度上决定了业绩与事前计划的相乘效应。

$$业绩 = 环境 \times 事前计划 \times 控制的努力和技巧$$

所以，体育经纪人要制订事前计划，并在计划执行过程中及时发现环境与事前计划的偏离情况，然后根据偏离程度想办法修正计划，选择与环境相适应的工作方法，这就是监控活动。

1. 事后标准的调试

事后标准是假设在某种环境条件下，采取适当的行动，理应达到某一水平。如果依照上面的表达方式，事后标准可以表示为：

$$事后标准 = 现实环境 \times 事前计划 \times 应有的控制努力和技巧$$

与此相对应的是现实环境条件下的实绩：

$$实绩 = 现实环境 \times 事前计划 \times 现实的控制努力和技巧$$

事后标准与实绩的差别只在第三个控制项上。现实的控制活动如果与要求的控制活动一样，事后标准与实绩就应该是相同的。

使用与此相同的表示方式，业绩评价的另外一个标准——事前标准——可以表示为：

$$事前标准 = 理想的环境 \times 事前计划 \times 应有的控制努力和技巧$$

即在预想的环境条件下，做了充分的控制努力，并且具备必要的控制技巧，就应该得到理想的业绩。

事后标准与事前标准不同的原因在于现实环境与预想的环境之间的偏离。如果实绩与事前标准不同，可能是由于两种原因：一是现实环境与事前预想的不同，二是现实的控制活动与所期望的不同。在这种情况下，以事前标准作为业绩评价的标准是不符合实际情况的，容易产生消极影响。由于导致实绩与事前标准产生偏差的原因有两个，所以从结果看无法判断究竟是什么原因导致了偏差。当实绩低于事前标准时，执行业务活动人员会强调环境方面的原因，而体育经纪人会认为执行人员努力不够。当实绩高于事前标准时，体育经纪人会以为是环境所致，执行人员往往归结为自己的努力，这是现实中的一般情况。

2. 事前标准的意义

尽管在业绩评价中使用的是事后标准而不是事前标准，但事前标准仍有其不容忽视的意义。

（1）事前标准是信息反馈的源泉。实绩与事前标准的不同，是由于环境和控制的努力与技巧两方面的原因所致。实绩与事前标准的差异反映环境变化的程度和控制活动的适当程度。这种信息不论对执行人员还是对管理人员都有实际的意义，仅仅知道实绩并不能反映问题的实质。

（2）事前标准有重要的激励作用。将事前标准背后应有的控制努力和技巧以业绩的形式表示，执行人员和上级管理者可以在应有的控制努力和技巧方面达成一致意见。事前标准的确定，就等于在上级管理者与作业人员之间约定"控制努力和技巧"应达到的水平。作为数量指标，事前标准不能在事后的业绩评价中作为标准使用，但能起到调动执行人员工作积极性的作用，成为他们努力工作的激励因素。事前标准也可以表示为：

$$事前标准 = 预想的环境 \times 事前计划 \times 约定的控制努力和技巧$$

3. 事后标准的难度

在现实中要想确定恰当的事后标准是十分困难的，为此，必须收集足够的信息。首先，必须了解现实环境的变化和现状；其次，必须了解执行人员的控制努力应达到什么水准；最后，计算在现实环境下，通过应有的控制努力所能取得的业绩。但实际上，完全遵从这三个步骤几乎是不可能的。

事后标准的重要性使一些现场管理者在不清楚事后标准的情况下，不得不以自己的主观标准对执行人员进行业绩评价。如果管理者通过对实际情况的了解，能够准确判断环境的变化，并对执行人员的能力有较好的了解，在这种情况下，他对执行人员应取得的业绩的判断，就是对事后标准的确定。

重要概念

体育公众：指因面临共同问题而形成的与体育组织利益相关，且相互影响、相互作用的实际或潜在的社会群体。

非体育公众：指对体育组织不产生影响，也不受体育组织影响的公众。

体育公关广告：指体育组织或企业运用大众传播手段为其传播公共关系信息，树立良好形象的一种形式。

体育公关协调的专题活动：指体育组织针对特定公众，围绕特定主题或目标有计划进行的，以增强组织知名度，提高经济和社会效益，推动体育事业发展的各种活动的总称。

体育庆典活动：指体育组织围绕体育活动和事件而开展的典礼、庆祝仪式等公共关系专题活动。

宴请招待活动：是体育组织以餐饮及其他形式款待相关人士的一种公共关系专题活动。

体育经纪项目市场价值：指该经纪项目现时在市场上的实际价值（价格）。

体育经纪项目形象设计：指将经纪项目的理念、精神与文化，运用整体表达的形式传达给社会大众，使其对该体育经纪项目产生一致的认同感或价值观，从而形成良好形象的过程。

体育经纪业务实施过程监控：是指对体育经纪业务的实施进行监督、控制的过程。

复习题

1. 简述体育公众形成的过程。
2. 体育公关专题活动策划主要包括哪些内容?
3. 简述实施体育庆典活动的注意事项并举例说明如何组织体育庆典活动。
4. 某体育经纪组织策划了一场高水平的商业足球比赛,为推广此赛事需要举行记者招待会,如何来成功地组织此次记者招待会?
5. 从竞争环境来看,体育经纪项目的市场价值主要由哪些因素决定?
6. 体育经纪项目形象设计的规划流程主要包括哪几个阶段?
7. 体育经纪项目形象设计主要由哪几方面构成?
8. 试述体育经纪项目宣传媒介之中电视和网络媒体的优缺点。

第五章

体育经纪业务总结

本章提示

体育经纪业务总结是整个业务活动的收尾工作，一个好的体育经纪业务总结工作，意味着另一个好的体育经纪活动的开始。资料归档与客户管理是体育经纪业务总结阶段的重要工作内容。本章重点介绍体育经纪业务总结阶段的资料归档和客户管理。资料归档部分主要介绍归档的内容和方法；客户管理部分主要介绍客户细分、客户关系、客户回访、客户投诉和客户沟通。

能力要点

- 能够识读体育经纪业务相关记录和文件
- 能够整理、归类体育经纪业务资料
- 能够对客户进行细分
- 能够掌握对不同类型客户的管理方法
- 能够建立客户关系数据库
- 能够对客户进行回访、沟通

知识要点

- 体育经纪业务的记录和文档类型
- 体育经纪业务资料整理步骤
- 体育经纪业务资料归类方法
- 客户类型及不同客户类型的管理方法
- 客户关系管理知识
- 客户关系数据库

- 客户回访方法
- 客户投诉处理
- 客户沟通知识

第一节 资料归档

资料归档是总结工作的第一个环节，当体育经纪项目准备提交最终成果的时候，做好项目的总结工作，不仅是完成该项目所承担的义务和责任，也是为今后的工作积累经验和资源。本节主要按照体育经纪业务的流程介绍每个阶段需要整理的资料和文件，以及文件资料整理与归类的方法。

一、体育经纪业务资料归档的含义与意义

体育经纪业务资料归档是指收集、整理与体育经纪业务相关的记录和文件的过程。体育经纪业务结束后，体育经纪人要对本次经纪业务进行总结，其中一项基础性的工作就是收集、整理与本次体育经纪业务相关的一切记录和文件。记录主要包括体育经纪活动过程中的文字、图片、录音、采访资料，如传真、来往信函、电话记录、录像带、光盘等。文件主要是指在体育经纪业务活动过程中形成的正式文书，如合同、各类策划方案、评估报告等。

对每次体育经纪业务的记录和文件建立专项档案不仅是总结的一部分，而且对于今后体育经纪业务的运作有十分重要的价值。每个体育经纪业务，无论是成功还是失败，都应当被看作是一次学习的机会。总结阶段最重要的工作是收集、整理、编辑、存档与体育经纪业务相关的所有文件。这样做有两个目的：一是为日后查阅体育经纪业务的有关资料提供依据，二是为将来实施类似体育经纪业务提供参考。

另外，体育经纪业务结束后，还要对表现突出的小组成员及时予以奖励和表彰，肯定团队的成绩，并要求体育经纪业务负责人对小组成员的表现做出书面的鉴定，以便为职能部门提供对这些成员晋升、嘉奖的依据。

二、体育经纪业务资料归档的内容

根据《体育经纪人国家职业标准（试行）》中每个职业功能需要整理的记录和文件进行分类，可简要归纳体育经纪业务各个阶段需要整理的记录和文件的目录。

（一）体育经纪业务调研阶段

调研是进行体育经纪活动的前提工作，调研的过程是通过各种调研方法搜集与体育经纪业务相关的信息后，将收集的信息进行分类汇总，最后利用相关方法和工具（如 SPSS 软件）对信息进行分析的过程。信息是体育经纪人进行经纪活动的源泉，体育经纪业务的调研实质上是捕捉信息、整理信息和分析信息的过程。据此，根据体育经纪业务调研的活动内容，我们把这一部分表述为"信息收集、信息整理和信息分析"三部分，这三部分需要整理的文件主要有体育经纪信息收集方案、体育经纪信息分析报告、体育经纪信息分析报告的评价报告等。

（二）体育经纪业务权利获取阶段

在体育经纪活动中，经纪人不仅要获得第一委托人的委托权，还要获得第二委托人的委托权。获得委托权仅是一个"结果"，这一过程的完整表述应该是接洽、谈判和签约。此阶段分为三项工作内容——业务洽谈、业务谈判和合同签订。业务洽谈是为了寻找工作机会，谈判的目的是为了签订合同，签订合同才是获取经纪业务权利的保障。在体育经纪活动实践中，为了达到彼此双赢的目的，合作双方在密切的沟通与洽谈中做了不懈的努力，直至达成共识，取得合作关系。

业务接洽部分的主要文件有目标委托人和第三方资信与履约能力的证明文件和调查报告；业务谈判部分的主要文件有谈判方案、谈判备忘录、意向书和谈判纪要等体育经纪业务谈判文书；合同签订部分主要有合作意向书、经纪合同及其评估报告等文件。经纪合同资料至少应包括合同正、副文本，合同附件，备忘录，相关表格、清单以及在合同执行过程中所产生的会议纪要、合同变更申请和批准记录、合同补充协议，由承包商提出的技术文件、承包商的进展报告、合同付款凭证、单据等财务记录、合同验收报告等。

（三）体育经纪业务谋划阶段

在获取体育经纪业务权利之后和进行体育经纪业务活动之前，体育经纪人需要明确体育经纪活动的具体活动目标、形成活动概念、做出整体规划、策划具体方案，较为复杂的经纪活动还必须以书面的形式表示，才可使活动有目的、有序化、明朗化地进行。在体育经纪活动实践中，由于某些活动的特殊性以及一部分经纪人的习惯，并不强制要求所有的经纪活动规划均以书面形式表达。有些活动可以在头脑中"盘算"，但不管怎样，体育经纪业务的方案设计是存在于所有经纪活动实施之前的，不管是头脑中构思的，还是以书面形式表现出来的，都属于"方案设计"之列。据此，我们把这一部分的内容表述为"方案设计和文案撰写"两部分，需要整理的文件主要有体育经纪业务计划书、体育经纪业务建议书、论证方案、商业策划书、体育经纪业务策划方案评估表等。

(四)体育经纪业务实施阶段

与不同的合作对象进行洽谈沟通,处理各种公共关系,整合利用各种资源,进行市场开发与推广,以及监控业务实施中可能遇到的各种情况等是业务实施阶段的主要活动。寻找第三方是需要首先解决的问题,针对不同业务活动的性质寻找到合适的第三方,并达成合作意向非常关键;除了合作方外,体育经纪业务活动还有可能牵扯到与政府、有关社会组织以及公众(广义的公众范围很广,如媒介、球迷、政府、社区、消费者等)的关系问题。因此,针对这些对象开展公关活动也非常重要。体育经纪活动需要利用并整合各种人力、物力、财力、信息、政策等资源;开发、推广市场,以使各方利益都得到满足。由于体育经纪活动环境是可变因素,在体育经纪业务执行过程中,随时可能遇到各种突发事件、危机事件、风险事件,作为体育经纪人还必须做好经纪业务开展的监控工作,以确保体育经纪业务目标的顺利实现。

体育经纪业务实施阶段分为公关协调、市场推广和活动监控三项工作内容。公关协调部分的主要文件有公关策划书、公关危机处理书;市场推广部分的主要文件有广告计划方案、广告策划方案、市场推广方案及其评估报告;活动监控部分的主要文件有体育经纪项目监控报告等。

(五)体育经纪业务总结阶段

体育经纪人依据经纪合同完成一项完整的体育经纪活动之后,应该及时整理归档各种档案资料,根据客户的需要对经纪活动进行有关总结、评估等。同体育经纪业务的方案策划一样,由于方案策划很多是在脑海里完成构思的,所以有些人便对该部分工作不予关注,而且在实际体育经纪活动中,这一部分内容也往往被忽略不计,其主要原因是客户没要求或者未引起体育经纪人的重视。

在体育经纪项目结束之前,需要对工作成果进行审查,将核查结果记录在案,将体育经纪项目的策划书、成果文件等资料一并归档。同时为了与客户建立良好的长期合作关系,需通过电话、邮件等方式对客户进行跟踪联系,建立客户信息资料库。鉴于资料归档工作较为简单,所以二级、三级体育经纪人应胜任业务评估的工作。体育经纪人对经纪活动的经济效益、社会效益进行评估工作有两方面的用处,一方面向客户提交工作成绩,另一方面为自身做经验总结。

体育经纪业务总结阶段分为资料归档(二级、三级为业务评价)与客户管理两项工作内容。业务评价部分的主要文件有体育经纪业务分析报告、体育经纪业务评价报告;客户管理部分的主要文件有客户资料卡、客户投诉记录表、客户投诉处理报告等。

(六)指导与培训阶段

随着国内市场的繁荣发展,各行各业都出现了经纪人。如今的体育经纪人不同于过去的"掮客",它是一项讲究专业能力的职业,如果仅凭好奇心和冲劲去做体育中介,肯定是做不好的。因此,任何一名体育经纪人都需通过专业的训练和实践积累,专业的指导与培训是成为一名合格体育经纪人的必要途径。

指导与培训是二级以上体育经纪人需要掌握的基本能力。高级别的体育经纪人需要根据《体育经纪人国家职业标准(试行)》规定的内容,遵循一定的原则并采取适当的方法对低级别的体育经纪人进行指导与培训,业务指导和业务培训就成为这一阶段的工作内容,涉及的记录和文件主要是培训计划、培训大纲、培训教案、培训评估方案等。

三、体育经纪业务资料整理与归类

(一)体育经纪业务资料整理步骤

资料整理工作要认真细致,有条不紊,其基本任务是把零碎的、需要进一步条理化的资料进行分类、组织和编目,使其组成一个体系,以便存档和使用。

体育经纪业务资料整理工作一般分以下四个步骤:

1. 区分全宗

全宗是部门或体育经纪人个人在执行体育经纪活动中形成的资料总称。整理资料时,首先应区分全宗,按照全宗整理资料。它能完整反映部门或体育经纪人个人活动的全部内容与过程,便于资料的保管和利用。

2. 分类

资料分类就是根据资料来源、时间、内容或形式的异同,按照一定体系,分门别类,系统地区分资料和整理资料,使其构成有机的整体,以便反映体育经纪活动的历史面貌。资料在分类时通常采用年度分类法、组织机构分类法和问题分类法等分类方法。

3. 立卷

立卷是整理和保存文件的一种方法,即将已经处理完毕的文件进行系统整理,组合为一个个案卷。

4. 编目

编目包括编制卷内文件目录、卷末备考表、案卷封面的编目和案卷目录。

(二)体育经纪业务资料归类方法

体育经纪业务记录和文件收集齐全后,还要对这些资料进行系统地检查和分析,并进行归纳、编号等系统地整理工作,将已编号的体育经纪业务记录交给有关方面存档。体育经纪人还要将所有和本体育经纪业务有关的数据库加以更新,删除陈旧、过时、无用的信息,保留那些反映体育经纪业务真实情况的数据资料,方便日后查阅。

为了保证文档版本的一致性,体育经纪人在体育经纪业务执行之前就要对文档的输出格式、描述质量、具体内容及其可用性进行明文规定,并且要求所有的体育经纪业务管理人员严格按照规定的要求输出、记录、提交文档。体育经纪业务经理应事先在体育经纪业务小组内部指定专门的文档管理员，对于符合质量要求的文档，统一由文档管理员管理；对于不符合要求的文档，全部退回至文档输出责任人重新处理。

在体育经纪业务执行的每一阶段，文档输出责任人必须将所完成的文档提交到体育经纪业务执行小组。如果发现提交的文档不符合要求，文档输出责任人必须对文档进行修改并在体育经纪业务实施的下一阶段对其进行完善，必须从文档管理员的文档配置库中将文档登记取出进行完善，不得随意修改，整理完毕后再提交审核和入库管理。

体育经纪业务结束，需要将体育经纪业务全过程形成的文档进行汇总、归类和保存。文档管理员必须建立一个体育经纪业务文档配置管理目录（按照体育经纪业务实施阶段建立），并对各文档进行编号，对不同阶段输出的文档进行版本控制，该目录可给各文档输出责任人读取的权限，但没有写入的权限。表5-1-1就是某体育经纪业务的文档管理目录示例。

表 5-1-1　体育经纪业务文档管理目录

文档名称	体育经纪业务	文档类别	保存地	保存期
批文	体育经纪业务前期	体育经纪业务可行性研究报告		
		环境评价报告		
		政府主管机关批文		
质量文档	全程	质量管理手册		
		体育经纪业务管理规范		
		系统平台安装调试手册		
体育经纪业务文档	体育经纪业务调研阶段	体育经纪业务调研会议纪要		
		体育经纪信息收集方案		
		体育经纪信息分析报告		
		信息分析报告的评价报告		
	体育经纪业务权利获取阶段	目标委托人和第三方资信与履约能力的证明文件		
		目标委托人和第三方资信与履约能力的调查报告		
		谈判方案		
		谈判备忘录		
		谈判意向书		
		谈判纪要		
		合作意向书		
		体育经纪合同		
		体育经纪合同评估报告		

续表

文档名称	体育经纪业务	文档类别	保存地	保存期
体育经纪业务文档	体育经纪业务谋划阶段	会议纪要		
		体育经纪业务计划书		
		体育经纪业务建议书		
		体育经纪业务论证方案		
		商业策划书		
		体育经纪业务策划方案评估表		
	体育经纪业务实施阶段	会议纪要		
		公关策划书		
		公关危机处理书		
		广告计划方案		
		广告策划方案		
		市场推广方案		
		市场推广方案评估报告		
		体育经纪业务监控报告		
	体育经纪业务总结阶段	体育经纪业务分析报告		
		体育经纪业务评价报告		
		客户资料卡		
		客户投诉记录表		
		客户投诉处理报告		
外来文档	全程	体育经纪业务总体方案		
		技术要求		
		业务规范		
		各类厂商设备资料		
		所有设备保修卡		
		上级主管部门发文		

由于体育经纪业务既有涉及人的经纪业务（如运动员经纪、教练员经纪），又有涉及活动的经纪业务（如体育赛事经纪），还涉及体育组织经纪。因此，各类体育经纪活动的记录和文档不尽相同，可根据经纪业务的类型，自行设计文档管理目录。

第二节 客户管理

体育经纪公司在进行客户管理时,首先要从客户细分和建立客户关系开始,然后是做好客户的回访工作,处理好客户的投诉,最后是做好客户沟通工作,保持与客户的联系,对客户进行科学管理。本节重点对客户类型、客户关系、客户回访、客户投诉、客户沟通内容进行介绍。

一、客户类型

(一)按合作程度划分

按照客户与体育经纪公司的交易与合作程度来划分,可把客户分成潜在客户、预期客户、现实客户(又分为新交客户、长期客户、忠诚客户、样板客户)、受益客户和流失客户等。

(1)潜在客户。潜在客户是指具有经纪需求并具备购买动机和购买能力的个人或组织,究竟是否购买或购买哪一家经纪公司的服务尚不明确,需要经纪公司花大力气去争取。

(2)预期客户。预期客户俗称"准客户",是指经纪公司经过调查研究确定的有明确的经纪服务意向,但尚未开始交易的个人或组织。

(3)现实客户。现实客户是指经纪服务的现实消费者。经纪公司应注重与现实客户建立关系,将他们培养成长期客户和忠诚客户。现实客户主要包括以下几类:

① 新交客户。新交客户俗称"新客户",是指那些刚开始与经纪公司进行交易的现实客户,他们有可能对经纪公司或服务还缺乏全面了解。

② 长期客户。长期客户俗称"老客户",是指那些与经纪公司交易了较长历史的现实客户,对本经纪公司的服务有较深的了解。

③ 忠诚客户。忠诚客户是指对经纪公司有高度信任,并与本经纪公司建立了长期、稳定合作关系的现实客户。

④ 样板客户。样板客户是指与经纪公司合作取得成功经验并具有示范作用的现实客户。样板客户与经纪公司沟通无隙,通过对样板客户成功经验的展示宣传可以吸引更多的客户。

(4)受益客户。受益客户是指曾经接受过经纪服务并取得良好效益的客户,经纪公司应重视与之保持联系,他们最有可能继续选择本公司的经纪服务。

(5)流失客户。流失客户是指曾经是经纪公司的现实客户,由于对服务不满,现在不再购买服务的客户。经纪公司要积极与他们联系,让他们感受到被关注,给他们反映问题的机会,缓解他们的不满,了解问题出在哪里,以便及时改进,防止其他客户流失。

> **相关链接**
>
> **二 八 定 律**
>
> 二八定律也叫巴莱多定律，是19世纪末20世纪初意大利经济学家巴莱多发现的。他认为，在任何一组东西中，最重要的只占其中一小部分，约20%，其余80%尽管是多数，却是次要的，因此又称"二八法则"。实践表明，企业80%的利润是由20%的客户创造的。因此对于企业而言，不同的客户具有不同的内在价值，而对客户进行有效管理的前提就是要对客户进行分类，发现内在价值高的客户，将企业有效资源集中在这些客户身上，为其提供更为优质的服务。

（二）按客户品质划分

所有的社会活动都是人参与的活动，人的品质与道德表现不可避免地会对社会活动产生影响，经纪服务活动也不例外。按客户品质可以将经纪公司的客户划分为以下几种不同类型：

（1）最佳客户。经济价值贡献大，很可能成为口碑传播者或乐于为公司提供有益的建议，应积极与这类客户建立长期关系，给予特殊的照顾与服务。

（2）好客户。有强烈的需求，有潜在增值的价值，对此类客户应保持积极争取的态度。

（3）较好客户。对此类客户一定要争取，应注重对其价值取向等变量的研究，以期达到较好的沟通效果。

（4）边界客户。可能是感性的消费者，应加强与他们的沟通并提高他们的忠诚度。

（5）友善客户。有可能成为口碑传播者，可以为公司塑造名声的客户。

（6）虚伪客户。实质上在白白消耗为开展营销工作而付出的成本，既不具有任何经济价值，又不可能成为口碑传播者或向企业提供有益的建议。

（7）混杂客户。若通过促销等努力也不能带动利润的增长，则不必再做进一步工作，即使流失也不会给企业带来重大的损失。

（8）差客户。即使做出努力也很难将他们留住，因此不必抱过多希望，应放任自流。

（三）按客户性格划分

如何与客户沟通是经纪人员的一门必修课。由于每个客户的性格、习惯、爱好都不一样，采取的沟通方式也应有所区别。从行为学的角度，根据客户的性格特征可将客户划分为四种类型：

（1）分析型客户。分析型客户的性格特征是不敏感且不专断。他们做事比较程序化而且有条理，非常注重细节，对人对己都非常严格。他们非常关心服务的质量，喜欢搜集数据和逻辑推理，以得出最好的结果。但他们往往不愿意也不善于表达自己的情感，难于了解。

（2）冲动型客户。冲动型客户的性格特征是专断而不敏感。他们喜欢掌管事务，精力充沛，通常很有时间观念和创业精神，喜欢自己做决策，愿意为获得高额回报而承担风险。但他们只关注事情的宏观规划，不善于处理细节，更喜欢公事公办，让人感觉缺少人情味。

（3）友善型客户。友善型客户的性格特征是敏感而不专断。他们性格温和大方，关心别人，乐于合作，具有团队精神，喜欢倾听，很在意咨询人员的观点。但他们不善于用言语表达自己的观点，不能让别人分担他们真正的感情，也很难明白他们真正的咨询需求。

（4）表现型客户。表现型客户的性格特征是敏感又专断。他们很外向，善于交际，喜欢成为众人关注的焦点，积极热情，乐于助人，有号召力，善于称赞和处罚他人，非常注重事情的结果，愿意尽一切力量避免失败。但他们不善于聆听，喜欢高谈阔论。

对于分析型客户，初次接触不要有太过亲近的行为，尽量将数据、事实、专家的意见作为依据，而且尽可能留下书面材料供其阅读；对于冲动型客户，陈述时要言简意赅、直截了当、干净利落，说话时要有力度、充满活力，要留给他们选择的机会；对于友善型客户，要尽可能表达你的观点和诚意，要主动寻求共同话题以引起他们多表达自身的要求，如果产生误会应及早提出来并消除掉；对于表现型客户，沟通时要活泼不要过于严肃，注意聆听他们的意见，要注意引导谈话方向以避免偏离主题。

（四）按行业特征划分

按行业特征划分的客户类型是指体育经纪业务客户类型。体育经纪活动内容主要包括运动员经纪、教练员经纪、体育赛事经纪、体育组织经纪、体育保险经纪以及体育旅游经纪等。体育经纪人必须根据客户不同的需求，采取不同的管理方法。

（1）运动员客户。运动员客户的主营业务包括代理运动员转会、代理运动员参赛、管理运动员日常事务、开发运动员无形资产、代理运动员投资、运动员职业技能和素质培训等。例如，年轻运动员在与俱乐部的谈判过程中处于信息不对等的情况下，属于弱势群体，经纪人的作用就是利用自身专业优势尽量帮助运动员获得符合其自身价值的收入及待遇，同时做好运动员与俱乐部之间沟通的桥梁。

（2）教练员客户。教练员客户的主营业务包括代理教练员与所在俱乐部谈判、签署合同，代表教练员与选定运动员进行谈判以及代理教练员转会等。

（3）体育组织客户。体育组织也是体育经纪公司重要的客户之一，尤其是我国一些体育组织具有良好的发展潜力，却因为长期以来在计划经济体制下的管理模式使得其市场潜力远远没有得到发挥。因此体育经纪人可以和这样一些体育组织加强长期合作，代理其部分管理事务。

（4）商业组织客户。对体育经纪人来讲商业组织主要指赞助商、广告商等，他们总是希望体育营销的策划更能符合自己企业和产品的宣传需要，以达到最佳的宣传效果。因此了解体育、熟悉媒体、洞悉企业、专业化运作的体育经纪人成了一种重要而不可缺少的中介角色。

二、客户关系

（一）客户关系管理的意义

体育经纪人与客户之间既是买卖关系，也是利益关系，又是伙伴关系。体育经纪人的服务和客户的购买行为，使客户获得价值、体育经纪人赢得利润，体育经纪人与客户都从对方获得利益，只要这种关系不间断，这种交换就可以一直持续下去。因此，体育经纪人主动建立这种客户关系，改善企业与客户之间关系，就是在建立一种良性的客户管理机制。随着社会经济的发展，产品日益丰富，市场格局相应变化，由卖方市场过渡到买方市场，竞争逐步升级，体育经纪人必须对市场变化迅速做出反应。而市场的变化源于客户行为的变化，体育经纪人必须把注意力集中于满足客户需求，学习客户关系管理知识。

1. 客户关系管理是改善企业与客户关系的机制

客户关系管理是一种旨在改善企业与客户之间关系的新型管理机制。即企业通过富有意义的沟通，理解并影响客户行为，最终实现提高客户获得、客户保留、客户忠诚和客户创利等业绩的目的。客户关系管理应用于企业的市场营销、销售、服务与技术支持等与客户相关的领域。客户关系管理要求以客户为中心来建构企业的战略目标并进行项目搭建、企业文化等相关建设，完善对客户需求快速反应的组织形式，规范以客户为核心的工作流程，建立客户驱动的商品、服务设计，进而培养客户的品牌忠诚度，扩大可赢利份额。

2. 客户关系管理是一种管理软件和技术

客户关系管理还是一种管理软件和技术。它将最佳的商业实践和数据挖掘、数据仓库、一对一营销、销售自动化以及其他信息技术，与供应商的销售、客户服务紧密结合在一起，为决策支持等领域提供一个业务自动化的解决方案，使企业有了一个基于电子商务的客户服务系统，从而顺利实现由传统企业模式向以电子商务系统为基础的现代企业模式的转变。

3. 客户关系管理是提高企业核心竞争力的方式

客户关系管理是提高企业核心竞争力的管理方式，目前正被很多行业利用，也是诸多知名企业得以成功的法宝，同时也被越来越多的非营利组织使用。特别在一些沿海城市，政府部门引进了客户关系管理后对形成服务型政府起到了积极的促进作用。

（二）客户关系建立

体育经纪人与客户之间关系的建立需要经过三个环节。首先是识别客户，这包括认识客户究竟有多大的价值；其次是选择客户，即体育经纪人应当确定与谁建立关系，选择什么样的目标客户；再次是管理客户，即企业如何与客户建立关系。

1. 识别客户

客户是体育经纪人利润的源泉，只有客户购买了体育经纪人的产品或者服务，才能使体育经纪人的利润得以实现。因此，可以说客户是体育经纪人的"摇钱树"和"财神"，是体育经纪人生存和发展的基础。

从根本上说，一个体育经纪人的竞争力有多强，不仅要看技术、看资金、看管理、看市场占有率，更为关键的是要看他到底拥有多少忠诚的客户，特别是拥有多少忠诚的优质客户。一个体育经纪人不管他有多好的技术、多强大的品牌、多好的专业知识、多雄厚的资金，如果没有客户，特别是客户的忠诚，那么他就难以持续不断地发展。

体育经纪人拥有的优质客户越多，就越能够形成规模效应，从而降低经纪人为客户提供产品或者服务的成本。这样，经纪人就能以等量的费用提供比竞争对手更好的、更高价值的服务，进而在激烈的市场竞争中处于领先地位，有效地战胜竞争对手。

坦率地说，市场竞争其实就是争夺客户的竞争，体育经纪人要实现赢利，就必须开发新客户，维系老客户，重视和加强培养客户的忠诚度，提高客户的终生价值。

如果按照客户与体育经纪人之间距离的远与近，关系的疏与密，可将客户分为五类：非客户、潜在客户、目标客户、现实客户和流失客户。这五类客户之间是流动的，是可以相互转化的。例如，潜在客户或目标客户一旦采取购买行为，就变成企业的初次购买客户；初次购买客户如果经常购买同一企业的产品或者服务，就可能发展成为企业的重复购买客户，甚至成为忠诚客户，但是初次购买客户、重复购买客户、忠诚客户也会因其他企业的更有诱惑的产品或服务，或者因为对企业不满而成为流失客户。企业要获得尽量多的忠诚客户，就必须对重复购买客户加强管理；而要获得尽量多的重复购买客户，又必须对初次购买客户加强管理；而要获得尽可能多的初次购买客户，就必须对潜在客户和目标客户加以管理。企业对各类客户的管理必须环环相扣，从潜在客户、目标客户开始，直到对初次购买客户、重复购买客户及忠诚客户都必须加强跟踪管理，绝不能放松。

2. 选择客户

由于客户需求的差异性和体育经纪人资源的有限性，每个经纪人能够有效服务的客户数量和类别是有限的，市场中只有一部分客户能成为体育经纪人的产品或服务的实际购买者，其余则是非客户。此外，竞争者也不可能"通吃"所有的购买者，不可能为所有的购买者提供产品或服务。因此，体育经纪人不应当以服务天下客户为己任，不可把所有的购买者都视为自己的目标客户。

客户天生就存在差异，有优劣之分，不是每个客户都能够带来同样的收益。一般来说，优质客户带来大价值，普通客户带来小价值，劣质客户带来负价值，甚至还可能带来很大的风险，更有甚者会将体育经纪人拖垮。因此，企业应当注意选择有价值的客户，而不是来一个选择一个。体育经纪人要根据自身的资源和客户的价值对其进行选择，要选择那些能为自己带来赢利的客户作为自己的目标客户。

体育经纪人如果没有选好客户，或者选错了客户，那么开发客户的难度可能就比较大，开发的成本也可能比较高，开发成功后维持客户关系的难度和成本也比较大。相反，体育经纪人如果经过认真选择，选对、选准了目标客户，那么开发客户、实现客户忠诚的可能性就很大。同样，也只有选对、选准了目标客户，开发客户的成本和维系客户的成本才可能最低。

体育经纪人如果没有选好客户，就不能为确定的目标客户开发恰当的产品或者提供恰当的服务。假如形形色色的客户共存于同一体育经纪公司，可能会造成该体育经纪公司定位混乱或定位不足，从而导致客户对该体育经纪公司形象产生混乱或模糊不清的印象。相反，如果体育经纪人主动选择目标客户，明确客户定位，就能够开发恰当的产品或者提供恰当的服务，也能够树立自己的鲜明形象。体育经纪人选择目标客户当然要尽量选择好的客户，好客户能够带来更多的利润，占用更多的企业资源。好客户与坏客户是相对而言的，只要具备一定的条件，他们之间是有可能相互转化的，好客户也会变成坏客户，坏客户也会变成好客户。由于大客户的财务风险大、利润风险大、管理风险大、流失风险大、常常另起炉灶等原因，所以，为经纪人带来最大利润和价值的通常并不是购买量最大的客户。实际上，"门当户对"应是体育经纪公司选择客户的立足点，也是一个稳健和保险的选择。另外，每一个客户都有自己的价值判断，从而决定自己与哪家体育经纪公司建立紧密关系。也就是说，应当认识到体育经纪公司与客户之间是双向选择、对等选择。

有些客户会觉得体育经纪公司提供的产品或者服务比竞争对手的更好，更加物有所值而提高忠诚度，这至少说明体育经纪公司的特定优势能够满足这类客户的需求，也同时说明他们是容易与企业建立关系和维持关系的客户。因此，体育经纪公司可以分析现有的忠诚客户具有哪些共同的特点，并据此寻找最合适的目标客户，这是选择最可能忠诚的目标客户的一个捷径。

3. 管理客户

管理客户的重要方式是建立、开发和使用客户关系数据库。客户关系数据库通过运用数据库技术，全面收集关于现有客户、潜在客户或目标客户的情况、需求和偏好等数据资料，并进行统计、分析和数据挖掘，从而使企业的营销工作更有针对性。客户数据库是企业维护客户关系、获取竞争优势的重要手段和有效工具。客户关系数据库为企业深入分析客户提供帮助，并指引客户关系的努力方向。

一个高质量的数据库包含的数据应当能全面、准确、详尽和及时地反映客户、市场及销售信息。数据可以按照市场、销售和服务部门的不同用途分成三类——客户数据、销售数据和服务数据。这些数据可放在同一个数据库中，实现信息共享，以提高企业前台业务的运作效率和工作质量。目前，飞速发展的数据库技术能按照企业管理的需要对数据源进行再加工，为企业提供了强大的分析数据的工具和手段。

客户关系数据库是客户关系管理后台的基础，主要分为两类数据库：一类是记录客户基本信息的基础数据库；另一类是记录客户消费信息的消费数据库。基础数据库是静态的，而消费数据库则是动态的。在完成两个数据库设计的基础上，可以通过数据挖掘、人工智能等技术对其进行分析和处理，找出客户的消费倾向，以便为客户提供个性化的定制服务，提高客户的满意度和忠诚度，同时为企业的经营管理提供决策依据。

三、客户回访

（一）客户回访意义

客户回访是体育经纪公司用来进行产品或服务满意度调查、客户消费行为调查，维系客户的常用方法，由于客户回访往往会与客户进行比较多的沟通，帮助企业完善客户数据库，并为进一步的营销做准备，因而认真的策划回访活动就十分重要。收集客户提供的信息是企业进行回访或满意度调查时的重要目的，所以要认真做好回访记录，及时查看客户提出的意见和看法，及时进行调整和改进。

做好客户回访还可以通过提供超出客户期望的服务来提高客户对企业或产品的美誉度和忠诚度，从而创造新的销售可能。客户关怀是持之以恒的工作，销售也是持之以恒的工作，通过客户回访等售后关怀来增值产品和企业行为，借助老客户的口碑来提升新的销售增长，这是开发客户成本最低也是最有效的方式之一。开发一个新客户的成本大约是维护一个老客户成本的6倍，可见维护老客户是何等重要了。

（二）客户回访准备

在回访之前，客户管理人员首先可以从客户关系管理后台查询到该客户的购买记录，了解客户购买的产品情况，有了这些数据，客服人员才能更好地进行客户回访。此外，在客户回访之前，要对客户进行细分。客户细分完成以后，可以对不同类别的客户制订不同的服务策略，并针对分类拿出不同的服务方法，提高客户服务的效率。

确定了客户的类别以后，明确客户的需求才能更好地满足客户。特别是最好在客户需要找体育经纪人之前，进行客户回访，才更能体现客户关怀，让客户感动。

（三）客户回访方式

客户回访有电话回访、电子邮件回访及当面回访等不同方式。从实际的操作效果看，电话回访结合当面回访是最有效的方式。按销售周期看，回访的方式主要有：

（1）定期回访。这样可以让客户感觉到体育经纪人的诚信与责任。定期回访的时间要有合理性。例如，以产品销售出一周、一个月、三个月、六个月……为时间段进行定期的电话回访。

（2）售后回访。这样可以让客户感觉体育经纪人的专业化。特别是在回访时发现了问题，一定要及时给予解决。最好在当天或第二天到现场进行问题处理，将用户的困难消灭在最小的时间范围内。

（3）节日回访。就是说在平时的一些节日回访客户，同时送上一些祝福的话语，以此加深与客户的联系。这样不仅可以起到提升经纪人亲和力的作用，还可以让客户感觉到人文的关怀。

（四）客户回访策略

首先，体育经纪人在回访时要注意自己的语调，传递给顾客的情绪要饱满热情，充满关切。清晰优美，悦耳动听的语言往往让顾客心情愉快，这样的电话，顾客会耐心地听下去；而冷冰冰的声音，模糊不清的声音往往会令顾客失去听下去的耐心。习惯大声大气讲话的人打回访电话时要有意识地把音量降低一些，但是说话声音小的人不要勉强大声说话，应尽量离话筒近一点，切忌大喊大叫式的和对方通话。同样，除非特殊情况，否则不要用特别小的声音打电话。

其次，说话语速尽量放慢，语气温和。多听少说，多让顾客说话。不要占用顾客太多时间，以免引起反感。电话回访时尽量避开顾客休息时间，如遇本人不在，则应向其家人询问并保持同等的尊重和礼貌。结束时务必有祝福语，如祝您健康长寿等。还应及时记录回访内容，并加以总结提高。

最后，要正确对待客户抱怨，客户回访过程中遇到客户抱怨是正常的，正确对待客户抱怨，不仅要平息客户的怒火，更要了解抱怨的原因，把被动转化为主动。体育经纪人通过解决客户的问题，不仅可以总结服务过程，提升服务能力，还可以了解并解决与产品相关的问题，提高产品质量，扩大产品使用范围，更好地满足客户需求。

四、客户投诉

（一）客户投诉的意义

1. 投诉的客户是忠实的客户

有研究表明，投诉的客户只占全部客户的5%还不到，95%的不满意客户是不会投诉的，他们只会停止购买，或是转向其他竞争品牌与企业的竞争对手交易，而且还会散布对企业不利的信息，这些客户根本不给企业解决问题的机会。

由此可见，企业应该感谢这些前来投诉的客户，因为他们把不满告诉了企业，而不是告诉他们的亲朋好友——他们才是企业真正的朋友。

有期望才会有投诉，客户肯花时间来投诉，说几句怨言，发几句牢骚，表明他们对本企业抱有"恨铁不成钢"的心态，表明他们对本企业仍然有信心，他们期待企业"浪子回头金不换"。因此，可以说那些肯投诉的客户才是忠实客户。

2. 投诉带来珍贵的信息

客户是产品或服务最直接的使用者和消费者，所以他们是最权威的评判者，最具发言权。

客户投诉的确是件令人头痛的事，但是如果换个角度来看就会发现，客户抱怨或者投诉是客户对企业的产品或者服务不满的正常反应，是客户对产品或服务的期待及信赖落空，从而产生的不满及愤怒，它揭示了企业经营管理中存在的缺陷。因此，客户的投诉可为企业提升服务质量提供重要的线索，使企业可以及时了解和改进产品或服务的不足之处。

3. 客户投诉蕴藏着巨大的商机

客户投诉可以帮助企业产生开发新产品、新服务的灵感，许多知名的大企业在开发产品方面都得益于客户的抱怨。例如，宝洁公司通过"客户免费服务电话"倾听客户的意见，并且对其进行整理与分析研究，许多改进产品的设想正是来源于客户的投诉和意见。

（二）客户投诉的原因

1. 公司没有能够满足客户的需要

例如，同在一家俱乐部的两名水平相当的运动员因为种种原因都需要转会，选择了不同的体育经纪人，而因为体育经纪人在转会实际操作中提供的不同服务造成了转会后待遇的差异过大。这必然会引起客户的不满。

2. 服务态度或服务方式的问题

例如，对客户冷漠、粗鲁，表情僵硬，或者表示出不屑；不尊重客户，不礼貌，缺乏耐心，对客户的提问和要求表示烦躁；服务僵化、被动，没有迅速、准确处理客户的问题；措辞不当，引起客户的误解等问题。

3. 受骗上当

体育经纪人不能履行对客户的承诺，造成客户损失，让客户有受骗感。

（三）客户投诉的处理步骤

1. 让客户发泄

客户是给企业带来利润的人，是企业的衣食父母，也是能够使企业失败的人，也是一个像我们一样怀有偏爱和偏见的人。因此，客户不应是我们争辩或斗智的对象，当我们在口头上占了上风的时候，那就是失去他们的时刻。

因此，客户来投诉时，应该热情地招呼对方，真诚地对待每一位前来投诉的客户，并且体谅对方的语气——客户投诉时态度难免会过于激动。心理专家说，人在愤怒时，最需要的是情绪的宣泄，只要将心中怨气宣泄出来，情绪便会平静下来，所以，企业要让投诉的客户充分发泄心中的不满乃至愤怒。在让客户发泄时要注意聆听和认同两个环节。

（1）聆听。要做一个好的聆听者，认真聆听，不无礼、不轻易打断客户说话，不伤害客户的自尊心和价值观。聆听时要注意用眼神关注客户，使他感觉到自己、自己的话、自己的意见被重视，从而鼓励他说出心里话，此外，还要协助客户表达清楚遇到的问题。

另外，可以在客户讲述的过程中，不时点头，不时用"是的""我明白""我理解"表示对投诉问题的理解，让客户知道你明白他的想法。除此之外，还可以复述客户说过的话，以澄清一些复杂的细节，更准确地理解客户所说的话。当客户在长篇大论时，复述还是一个总结谈话内容的技巧。

（2）认同。客户投诉时，最希望自己能得到同情、尊重和理解，因此这时候要积极地回应客户所说的话。如果你没有反应，客户就会觉得自己不被关注，甚至可能会被激怒。认同的常用语有"您的心情我可以理解""您说的话有道理""是的，我也这么认为""碰到这种状况我也会像您那样"等。

2. 记录投诉要点

要记录的方面有：投诉人、投诉对象、投诉内容、何时投诉、客户购买产品的时间、客户的使用方法、投诉要求、客户希望以何种方式解决问题、客户的联系方式，等等。

在记录的同时，要判断投诉是否成立，投诉的理由是否充分，投诉的要求是否合理。如果投诉不能成立，也要用婉转的方式使客户认清是非曲直，耐心解释，消除误会。

如果投诉成立，企业的确有责任，就应当首先感谢客户，可以说"谢谢您对我说这件事""非常感谢，您使我有机会为您弥补损失"，要让客户感到他和他的投诉是受欢迎的，他的意见很宝贵。一旦客户受到鼓励，往往还会提出其他的意见和建议，从而给企业带来更多有益的信息。

感谢之后要道歉，道歉时要注意称谓，尽量用"我"，而不用"我们"，因为"我们很抱歉"听起来毫无诚意，是在敷衍塞责。俗话说"一语暖人心"，话说得悦耳动听，紧张的气氛自然也就缓和了。

3. 提出并实施令客户接受的方案

道歉之后，就要着手为客户解决问题，要站在客户的立场上来寻找解决问题的方案并迅速采取行动，否则之前的道歉就是虚情假意。

首先，要马上纠正引起客户投诉的错误。对问题的快速反应表示你在严肃、认真地处理这件事，客户对此一定会很欣赏；拖延时间只会使客户感到自己没有受到足够的重视，会使客户的投诉欲望变得越来越强烈。

其次，根据实际情况，参照客户的处理要求，提出解决投诉的具体方案。提出解决方案时，要注意用建议的口吻，然后向客户说明方案的好处。如果客户对方案不满意，可以询问他的意见。从根本上说，投诉的客户不仅是要你处理问题，而且是要你解决问题。所以，如果客户觉得处理方案不是最好的解决办法时，一定要与客户商量如何解决。最后，就是要抓紧实施客户认可的解决方案。

4. 跟踪服务

跟踪服务即对投诉处理后的情况进行追踪，可以通过打电话或写信，甚至登门拜访的方式了解事情的进展是否如客户所愿，调查客户对投诉处理方案实施后的意见。如果客户仍然不满意，就要对处理方案再进行修正，重新提出令客户可以接受的方案。

跟踪服务体现了体育经纪人企业对客户的诚意，会给客户留下很深、很好的印象，客户会觉得企业很重视他提出的问题，是真心实意地帮他解决问题，这样就可以打动客户。

此外，通过跟踪服务、对投诉者进行回访，并告诉他基于他的意见，企业已经对有关工作进行了整改，以避免类似的投诉再次发生。这样不仅有助于提升企业形象，而且可以把客户与企业的发展密切联系在一起，从而提高其忠诚度，提高处理客户投诉的质量。

相关链接

如何处理客户的投诉

相信管理者都深有同感，现在的客户越来越"刁"了，动不动就要投诉，使管理者和客服代表每天面临着巨大的压力。的确，对投诉处理不好，会影响客户与企业的关系，有些投诉甚至会损坏企业形象，给企业造成恶劣的影响。

1. 处理投诉的技巧

◎用微笑化解冰霜。

◎角色转换。

◎缓兵之计。

◎博取同情。

◎主动回访。

◎适当让步。

◎使客户有优越感。

◎善意谎言。

◎勇于认错。

◎以权威制胜。

2. 处理投诉的大忌

◎缺少专业知识。

◎怠慢客户。

◎缺乏耐心，急于打发客户。

◎允诺客户有自己做不到的事。

◎急于为自己开脱。

◎可以一次解决的投诉反而造成客户升级投诉。

3. 疑难投诉的处理

◎客户打电话，要投诉工号为×××的员工，称该员工告知其错误的时间信息，使客户白跑一趟，没有办成业务。你该怎么办？

> ◎客户打电话，称工号为×××的员工允诺三天之内给他答复，但现在已经过去五天了，也没人跟他联系。你该怎么办？
>
> ◎客户打电话，要投诉某位员工，称对其服务不满。但经查该员工服务没有问题，而且此客户为企业的重要客户。你该怎么办？
>
> ◎客户打电话，称未收到上月账单，故拒付费用，要求马上为其恢复业务功能。但经查账单已寄出多次，客户资料显示此客户过去有大量投诉记录。你该怎么办？
>
> ◎客户打电话，表明对某项业务收费有疑问，要求退还收费，否则将向上级管理部门投诉。你该怎么办？
>
> ◎客户打电话，表明身份是记者，要投诉刚才接待他的某位员工，称其态度恶劣，并声称要将此事登报发表。你该怎么办？

五、客户沟通

所谓沟通，就是信息的交流与互换。客户沟通就是体育经纪人企业通过与客户建立互相联系的桥梁或纽带，让客户了解双方的合作前景，拉近和客户的距离，加深和客户的感情，从而与客户建立良好的伙伴关系，最终赢得客户满意与客户忠诚所采取的行动。良好的沟通对合作双方来说是双赢的，企业进行积极有效的客户沟通，有利于巩固和发展与客户的关系。

企业与客户之间的沟通应当是双向沟通，包括两个方面：一方面是企业与客户的沟通，指企业积极保持与客户的联系，通过人员沟通和非人员沟通的形式，把企业的产品或服务的信息及时传递给客户，使客户了解并且理解和认同企业及其产品或服务；另一方面是客户与企业的沟通，是指企业要为客户提供各种渠道，并保持渠道畅通，使客户可以随时随地与企业沟通，包括客户向企业提出的意见、建议和投诉。

（一）客户沟通作用

客户沟通是实现客户满意的基础。保持与客户的双向沟通是至关重要的。企业经常与客户沟通，才能了解客户的实际需求，才能理解他们的期望。特别是当企业出现失误时，有效的沟通有助于更多地获得客户的谅解，减少或消除客户的不满。一般来说，企业与客户进行售后沟通可减少退货情况的发生。

根据美国营销协会的研究，不满意的客户有三分之一是因为产品或服务本身有问题，其余三分之二的问题都出在企业与客户的沟通不良上。可见，客户沟通是使客户满意的一个重要环节，企业只有加强与客户的联系和沟通，才能与客户建立良好的关系。

客户沟通是维护客户关系的基础。客户沟通是影响企业与客户关系的一个重要因素。企业经常与客户沟通，才能向客户灌输双方长远合作的意义，描绘合作的远景，才能了解他们的需求，在沟通中加深与客户的感情，稳定与客户的关系，从而使客户重复购买次数增多。如果企业与客户缺少沟通，那么好不容易建立起来的客户关系，可能会因为一些不必要的误会没有得到及时消除而土崩瓦解。

因此，企业要及时、主动地与客户保持沟通，并且要建立顺畅的沟通渠道，这样才能维护好客户关系，才能赢得一大批稳定的老客户。

（二）客户沟通内容

客户沟通的内容主要是信息沟通、情感沟通、理念沟通、意见沟通，有时还要有政策沟通。

所谓信息沟通，就是体育经纪人企业把产品或服务的信息传递给客户，也包括客户将其需求或者要求的信息反映给企业。

所谓情感沟通，主要是指企业主动采取相关措施，加强与客户的情感交流，加深客户对企业的感情依恋。

所谓理念沟通，主要是指企业把其宗旨、理念介绍给客户，并使客户认同和接受其所采取的行动。

所谓意见沟通，主要是指企业主动向客户征求意见，或者客户主动将对企业的意见（包括投诉）反映给企业的行为。

所谓政策沟通，主要是指企业为把有关的政策向客户传达、宣传所采取的行动。

（三）客户沟通途径

（1）通过业务人员与客户沟通。业务人员可以当面向客户介绍体育经纪人企业及其产品或者服务的信息，还可以及时答复和解决客户提出的问题，并对客户进行主动询问和典型调查，了解客户的意见及客户对投诉处理的意见和改进意见等。业务人员与客户沟通时，双方可直接对话，进行信息的双向沟通，可使双方从单纯的买卖关系发展到建立个人之间的友谊，进而维护和保持长期的客户关系。

（2）通过活动与客户沟通。通过举办活动可以让体育经纪人企业的目标客户放松，从而增强沟通的效果。如通过座谈会的形式，定期把客户请来直接面对面地沟通，让每个客户畅所欲言；或者发放意见征询表，向他们征求对企业的投诉和意见。通过这种敞开心扉的交流，可使企业与客户的沟通不存在障碍。同时，这也是为客户提供广交同行朋友的机会，在座谈会上，客户们可以相互学习，相互取经。

（3）通过拜访客户与客户进行面对面的沟通，可以收集他们的意见，倾听他们的看法、想法，并消除企业与客户的隔阂。邀请客户联谊也是加深与客户感情的好方式，如一个可携带配偶出席的晚会将增进企业与客户的情谊。

（4）通过促销活动与客户沟通，可使潜在客户和目标客户有了试用新产品的理由与机会，从而建立新的客户关系，也使现实客户有再次购买或增加购买的理由，从而有利于维护和发展客户关系。但是，通过促销活动与客户沟通，可能使客户对企业的产品或服务的价格产生怀疑，从而造成不利的影响。

（5）通过信函、电话、网络、电邮、呼叫中心等方式与客户沟通。通过信函、电话与客户沟通是指体育经纪人企业向客户寄去信函，或者打电话宣传、介绍企业的产品或服务，或者解答客户的疑问。此外，现代通信手段的发展，使企业还可以通过电子邮件、手机短信和传真等形式与客户沟通，向客户提供产品及服务信息。网络即时通信工具如微信、QQ等具有语音、视频聊天功能，客户能够随时与服务者面对面地交流，可以给客户一种亲切的感觉，有利于增进客户与企业间的感情。

（6）通过广告与客户沟通。广告的形式多样，传播范围广，可对目标客户、潜在客户和现实客户进行解释、说明、说服、提醒等，是体育经纪人企业与客户沟通的一种重要途径。通过广告与客户沟通的优点是迅速及时，能够准确无误地刊登或安排播放的时间，并可全面控制信息内容，能让信息在客户心中留下深刻的印象。通过广告与客户沟通的缺点是单向沟通，公众信任度较低，易引起客户逆反心理。这就要求企业的广告要减少功利性色彩，多做一些公关广告和公益广告，才能够博得客户的好感。

（四）客户沟通策略

体育经纪人企业要根据所掌握的客户信息，借助或者利用客户联系卡或客户数据库提供的信息，定期与客户联系，对不同特点的客户进行有针对性的、个性化的沟通。

此外，要根据客户给企业带来价值的不同进行"分级沟通"，即针对客户的不同级别实施与之对应的沟通。例如，在与客户的沟通中，对重要客户，每个月打一次电话，每季度拜访一次；对主要客户，每季度打一次电话，每半年拜访一次；对普通客户，每半年打一次电话，每年拜访一次；对小客户，则每年打一次电话或者根本不必打电话和拜访。

站在客户的立场上与客户沟通。客户通常关心的是自己的切身利益，从某种意义上说，客户购买的不仅仅是产品或者服务，还包括企业对客户的关心以及客户对企业的信任。因此，企业只有充分考虑客户的利益，把客户放在一个合作伙伴的角色上，站在客户的立场上，才能获得沟通的成功。

案例分析：国际管理集团的客户关系

谈体育经纪人就不能不提到国际管理集团，国际管理集团创始人马克·麦考。马克与一名年轻高尔夫球手阿诺·帕尔默的简单握手，开拓了体育运动的经纪管理事业。

如今，国际管理集团在全球拥有超过60个办事处、2 000多名雇员，无疑称得上业内世界之首。凭借其人才资源、资金实力和完善的网络，该集团已经成为全球娱乐、文化推广的龙头。国际管理集团代理的对象除了运动员、世界级赛事，还有表演艺术家、作家、时装模特、传播机构、各类企业、文艺团体及休闲度假胜地等。

一、客户发展现状

国际管理集团始终坚持"为客户获取更多利益"的宗旨。由于良好的信誉和专业的服务，该集团的客户群体不断扩大，客户种类不断增加。

1. 公司客户

国际管理集团帮助他们有效管理并促进其在体育、艺术及赛事中的推广活动和广告投资。

2. 商标营销客户

对于运动员、赛事活动机构客户，国际管理集团除了为他们寻找赞助合约外，也经营其所属的商标。国际管理集团设有商标营销部，专门负责为其知名客户的商标营销进行独家开发和经营。此外，集团还为体育管理机构、电视媒体有关的商标、公司和机构标志与商标，以至传统儿童人物形象开发特定全面的商标营销计划。

3. 金融策划客户

国际管理集团投资顾问国际公司为数以百计的公司经理、独立商人、医生、政府官员以及其他专业人员提供全面的金融策划服务。

4. 团体与机构客户

除体育团体和机构客户外，国际管理集团还与其他类型的组织和机构合作。集团下设特别项目部门，帮助客户寻找开拓赞助、商标注册、推广和广播宣传机会。比如，寻找同环球电视制片公司、罗克罗名人博物馆、牛津大学、诺贝尔基金会等组织与机构合作的机会。

5. 娱乐产业客户

国际管理集团还经营高档次的娱乐项目，业务从高尔夫球场、网球学校、马术中心到水中休闲基地。就中国而言，在广东中山温泉设计了中国第一个高尔夫球场。除场地设计外，集团还提供开发娱乐设施的市场营销计划，成功地为各种形式的娱乐项目做管理或顾问。集团还能将各种活动项目安排在自行设计和管理的设施内进行，或与国际电视传媒合作开发一项全新的锦标赛或表演赛，以协助发展商建立声誉。此外，国际管理集团设计了娱乐设施兼备的运动员专业学校，既能树立形象，还可以获取投资回报。

6. 电视客户

国际管理集团环球体育影业公司是世界上最大的独立体育节目制作者，每年制作超过1 200小时的原版节目。公司电视摄制队在进入100多个国家、收集243种不同的体育项目资料后，建立起世界上最完整的体育录像图书馆。该公司的拳头产品——《环球体育》杂志，每周从世界各地收集体育消息并在70多个国家（包括中国在内）定期播放，拥有3亿多个家庭的忠实观众。

公司为各电视网络和体育组织提供高质量的制作和供片服务。在中国的客户有中央电视台及十多个地方电视台，除供片外还积极举办合作赛事。环球体育影业公司代表数十个著名体育比赛和体育组织，并替他们对外洽商电视转播事宜，包括温布尔顿网球赛、澳大利亚网球公开赛，汤姆斯杯尤伯杯羽毛球赛，高尔夫球美国公开赛、英国公开赛及美国男子职业赛，世界女子职业网球协会比赛、世界花样滑冰锦标赛，以及中国、泰国和韩国足球协会职业联赛等。除此之外，公司还积极参与奥运会的电视转播事宜，并经国际奥委会批准制作了100周年奥运庆典的专题片。

二、经营策略

虽然国际管理集团的客户群体不断扩大、种类不断增多，但是集团始终将主要精力集中于体育赛事和运动员这两个方面。

1. 赛事活动的开发

国际管理集团创立、发展和经营大型体育活动，为许多传统的国际体育项目管理注册、赞助和电视转播事宜。

在以商业运作提升项目价值上，男子职业网球巡回赛是国际管理集团最值得骄傲的例子。20世纪80年代的男子网球虽然发展迅速，但远未达到商业化经营的地步。比赛分散，无统一管理和开发，网球资源被极大浪费。男子职业网球协会决定与国际管理集团合作，共同将男子网球推向世界，并产生了巡回赛的想法。协议规定由国际管理集团独家提供电视和赞助服务。1988年，国际管理集团与男子职业网球协会紧密合作，落实了比赛所需的资金，获得了IBM（International Business Machines）公司的冠名赞助，并通过环球体育影业公司售出了电视转播权，每周制作男子职业网球赛的精彩节目，组织了男子职业网球巡回世界锦标赛。在男子职业网球巡回赛的前五年，国际管理集团每年为其创造1亿美元以上的收入，使男子职业网球巡回赛成为目前职业运动组织最完善、利润最高的项目。今天，该比赛包含了六大洲39个国家的87站，1994年的奖金就已高达5 600万美元。

除了挖掘已有职业体育项目的潜力，国际管理集团还积极创立新的职业体育项目。花样滑冰可以说正是在国际管理集团的大力推广下才走向了繁荣。1984年以前，花样滑冰运动员几乎没有施展才能的机会，当他们转向职业领域时，唯一的方法是参加家庭式的表演，没有职业比赛。国际管理集团与客户共同合作，开发了奥林匹克级的职业巡回赛——美国48城市DISCOVE CARD明星花样滑冰巡回赛，以及其他的职业比赛，如冰上交响乐系列、北美职业锦标赛。由于国际管理集团为这些比赛获得了电视转播，滑冰项目在20世纪80年代迅速发展，并在90年代达到高潮，成为冬季奥运会最有吸引力的项目。

2. 运动员的推广

今天已经出现像乔丹、泰森、罗纳尔多等一批拥有千百万美元广告收入的大牌明星，但其所以能成功取得经济利润都可以在阿诺·帕尔默这里找到根源，因为这是第一个成功地将竞技价值转变为商业价值的运动员。在国际管理集团的帮助下，阿诺·帕尔默最先缔造了一个真正的体育帝国，彻底地将一个体育形象市场化。尽管他早已于20世纪60年代退出体坛，但是国际管理集团始终积极为其服务。多年来这位老人，从围绕着其名字、形象、服务、产品许可、注册、书籍、录像带制品及所有能够产生经济效益的业务源源不断地获取财富。

思考题

1. 国际管理集团的客户群体不断扩大、种类不断增多，为什么集团始终将主要精力集中于体育赛事和运动员两个方面？

2. 阿诺·帕尔默早已于20世纪60年代退出体坛，为什么国际管理集团始终积极为其服务？在客户细分中阿诺·帕尔默属于哪一类客户？

重要概念

体育经纪业务资料归档：指收集、整理与体育经纪业务相关的记录和文件的过程。

潜在客户：指具有经纪需求并具备购买动机和购买能力的个人或组织。

预期客户：俗称"准客户"，是指经纪公司经过调查研究确定的有明确的经纪服务意向，但尚未开始交易的个人或组织。

客户回访：体育经纪公司用来进行产品或服务满意度调查、客户消费行为调查，维系客户的常用方法。

客户沟通：体育经纪人企业通过与客户建立互相联系的桥梁或纽带，让客户了解双方的合作前景，拉近和客户的距离，加深和客户的感情，从而与客户建立良好的伙伴关系，最终赢得客户满意与客户忠诚所采取的行动。

复习题

1. 请列出"运动员转会经纪"中的文档管理目录。
2. 请列出"体育赛事经纪"中的文档管理目录。
3. 客户可以分为哪些类型?
4. 不同类型客户的管理方法有哪些?
5. 如何建立体育经纪人客户关系数据库?
6. 客户回访的方式有哪些?
7. 如何处理客户的投诉?
8. 如何与客户进行良好的沟通?

参 考 文 献

[1] 魏玉芝，邵玉. 市场调查与分析[M]. 第2版. 大连：东北财经大学出版社，2012.
[2] 谢俊贵. 社会调查理论与方法[M]. 长沙：湖南师范大学出版社，2003.
[3] 耿修林，张琳. 管理统计[M]. 第2版. 北京：科学出版社，2009.
[4] 梅长林，范金城. 数据分析方法[M]. 第2版. 北京：高等教育出版社，2018.
[5] 孙允午. 统计学——数据的收集、整理和分析[M]. 上海：上海财经大学出版社，2006.
[6] 贾俊平. 统计学基础[M]. 第6版. 北京：中国人民大学出版社，2020.
[7] 陈及治. 体育统计[M]. 北京：人民体育出版社，2002.
[8] 李健. 体育统计学[M]. 桂林：广西师范大学出版社，2006.
[9] 赵书祥. 实用体育统计学[M]. 北京：北京体育大学出版社，2005.
[10] 丛湖平. 体育统计学[M]. 第3版. 北京：高等教育出版社，2015.
[11] 郝大海. 社会调查研究方法[M]. 北京：中国人民大学出版社，2005.
[12] 徐经泽. 社会调查理论与方法[M]. 北京：高等教育出版社，2003.
[13] 施新. 合同文书写作一本通——当代应用文书写作[M]. 北京：中国言实出版社，2005.
[14] 朱小明. 世界顶级企业体育营销[M]. 北京：人民体育出版社，2007.
[15] 李杰利. 合同管理规范高效操作规程[M]. 北京：中国时代经济出版社，2004.
[16] 吴江水. 完美的合同——合同的基本原理及审查与修改[M]. 北京：中国民主法制出版社，2005.
[17] 郑建瑜. 大型活动策划与管理[M]. 重庆：重庆大学出版社，2007.
[18] 王利平. 管理学原理[M]. 北京：中国人民大学出版社，2006.
[19] 周小桥. 项目管理四步法[M]. 北京：团结出版社，2003.
[20] 邱菀华. 现代项目风险管理方法与实践[M]. 北京：科学出版社，2003.
[21] 白思俊. 现代项目管理[M]. 第2版. 北京：机械工业出版社，2019.
[22] 王永贵. 客户关系管理[M]. 北京：清华大学出版社，2007.
[23] 汤兵勇，孙天慧. 客户关系管理[M]. 第3版. 北京：高等教育出版社，2015.
[24] 谭建湘，马铁. 体育经济导论[M]. 第2版. 北京：高等教育出版社，2015.
[25] 马钢. 客户关系管理[M]. 北京：高等教育出版社，2005.
[26] 苏朝晖. 客户关系的建立与维护[M]. 第5版. 北京：清华大学出版社，2021.

郑重声明

高等教育出版社依法对本书享有专有出版权。任何未经许可的复制、销售行为均违反《中华人民共和国著作权法》，其行为人将承担相应的民事责任和行政责任；构成犯罪的，将被依法追究刑事责任。为了维护市场秩序，保护读者的合法权益，避免读者误用盗版书造成不良后果，我社将配合行政执法部门和司法机关对违法犯罪的单位和个人进行严厉打击。社会各界人士如发现上述侵权行为，希望及时举报，本社将奖励举报有功人员。

反盗版举报电话　（010）58581999　58582371　58582488
反盗版举报传真　（010）82086060
反盗版举报邮箱　dd@hep.com.cn
通信地址　北京市西城区德外大街4号
　　　　　高等教育出版社法律事务与版权管理部
邮政编码　100120